Impressum

© 2021 Britta Stüven

Verlag und Druck: tredition GmbH, Halenreie 40-44, 22359 Hamburg

ISBN
978-3-347-30894-7 (Paperback)
978-3-347-30895-4 (Hardcover)
978-3-347-30896-1 (e-Book)

Coverbild: www.fotolia.com
Fotolia_68962855_M

Inhaltsverzeichnis

Danksagung

Auf diesem Wege möchte ich mich bei all denen ... bedanken, die mir auf meinem Weg so liebevoll und motivierend zur Seite stehen! Das sind viel mehr, als ich hier namentlich erwähnen kann. Danke, dass es Euch in meinem Leben gibt!

Mein besonderer Dank gilt meinen Eltern Anneliese und Erwin Lüthen für ihre Liebe, Wertschätzung und Unterstützung, ebenso meinem Mann Wolfgang Stüven, unseren Freunden Jürgen Menges und Frank Mucha für ihre Herzlichkeit und für ihre Unterstützung bei der Veröffentlichung; meinem Geistführer Emanuel und Meister Saint Germain für unsere telepathischen Verbindungen. Und vielen Dank, Gott-Vater-Mutter und Jesus Christus für Eure liebevolle und deutliche Wegweisung.

Kurzbeschreibung

Britta Stüven teilt mit ihren Leserinnen und Lesern zahlreiche ihrer hellfühlenden, hellsichtigen und hellhörenden Wahrnehmungen. Dadurch möchte sie erreichen, dass Sie ihre eigenen ungewöhnlichen Wahrnehmungen stärken. Durch ihre Anregungen erhalten Sie Tipps für weitere wunderbare Einblicke. Der Autorin ist es ein besonderes Anliegen, in die Verbindung mit dem Göttlichen Selbst - der ICH BIN-Gegenwart - einzuführen.

Spirituelle Visionen
von Britta Stüven

Einleitung

Liebe Leserin, lieber Leser,
mit meinem 3. Buch möchte ich Sie an zahlreichen Wahrnehmungen teilnehmen lassen, die ich aus geistigen Seins-Ebenen während meiner Meditationen erhalten habe: hellfühlend, hellhörend und hellsehend. Durch die Veröffentlichung einiger meiner Erlebnisse hoffe ich, Ihr Vertrauen in Ihre eigenen außergewöhnlichen Wahrnehmungen zu stärken. Außerdem wird deutlich, wie es erlebt werden kann, in Verbindung mit dem Göttlichen Selbst – der ICH BIN-Gegenwart – auf Erden zu leben.

Im Alter von neun Jahren war mir bereits bewusst, dass ich einen irdischen Körper bewohne, den ich nach meinem Tod verlasse. Im Alter von zwanzig Jahren (1980) erlebte ich mich aufgrund eines Schockzustandes außerhalb meines Körpers, ganz vertrauensvoll. Die Zeit dehnte sich aus. Was mit mir auch geschehen würde – einschließlich des Todes meines physischen Körpers -, in diesem erweiterten Bewusstsein, in dem ich mich unerwartet und plötzlich befand, konnte ich es vertrauensvoll annehmen. Zum Glück wurde der drohende, vermutlich tödliche Autounfall durch die Hilfe einiger Engel Gottes abgewandt, doch die Weichen für meinen bewussten spirituellen Weg waren gestellt.

Meine täglichen Meditationen seit Januar 1987 dauerten in der Regel zwanzig bis dreißig Minuten. Gern hörte ich mir zu diesem Zweck Meditationen verschiedener spiritueller Lehrerinnen und Lehrer an, z.B. von Silvia Wallimann und Prof. Kurt Tepperwein; doch ich meditierte auch auf meine eigene Art und Weise in Verbindung mit meiner inneren Führung. Von 1992 bis 1996 praktizierte ich die Technik des Kriya Yoga. Mein Lehrer war Meister Dhirananda (gestorben 01. April 2011), ein Verwandter von Meister Paramahansa Yogananda.

Ich möchte mit diesem Buch nicht erreichen, dass Sie denken ‚Was die alles erlebt hat', sondern ich möchte Sie in meine spirituellen Einblicke mit hineinnehmen, so als ob Sie diese Einblicke und Visionen selbst erleben würden. Es kann auch geschehen, dass Sie Ihre eigenen außergewöhnlichen Wahrnehmungen in einem neuen Licht betrachten und weitere wunderbare Bewusstseinserweiterungen erleben.

Das wünsche ich Ihnen! Mögen Sie nun viel Freude, Aufgeschlossenheit und innere Berührung beim Lesen dieses Buches haben!

In Licht und Liebe
Britta Stüven

Spirituelle Visionen

Meine erste bewusste Begegnung mit Emanuel, meinem engelhaften Lehrer und Freund aus der geistigen Welt, erlebte ich bereits Ende der 1980er Jahre. In der Meditation sah ich ihn deutlich. Er legte seinen Arm um mich und teilte mir telepathisch mit: „Habe Vertrauen! Alles läuft sehr gut."

Emanuel zeigte sich mir schlank, ca. 1,80 m groß, mit schulterlangen, glatten dunklen Haaren. Er wirkte auf mich liebevoll, sympathisch und war mir auf Anhieb sehr vertraut.

Einige Zeit später nahm ich meinen inneren Kern – meine unerschöpfliche göttliche Energiequelle – wahr. Die daraus hervorströmende Energie hüllte mich liebevoll ein.

Diese unerschöpfliche Energiequelle ist in jedem von uns. Hast Du sie auch schon in Dir wahrgenommen, liebe Leserin, lieber Leser?

Lenke Deine Aufmerksamkeit nach innen, am besten in den Herzbereich, und spüre. Lasse Deinen Atem währenddessen kommen und gehen, wie er mag. Stelle Dir dort eine goldene, wärmende Sonne vor, die sich ausdehnt und Dich mit liebevoller Energie erfüllt. Diese bedingungslose Liebeskraft ist immer für Dich da! Genieße es eine Weile, wenn Du magst.

Für den Anfang reichen ein bis fünf Minuten für diese Übung.

Auch kann sich in der Meditation ein wunderbares Gefühl der Leichtigkeit einstellen. Plötzlich wird alles ganz weit. Der Körper stellt keine Begrenzung mehr dar. Mit meinem inneren Auge sah ich in einen riesigen Hohlraum, der von wellenartigen Schwingungen durchströmt wurde und erfüllt war.

So wurde mir bewusst, dass alles aus Energie besteht, auch die Materie. Mittlerweile haben dies Quantenphysiker bestätigt!

Ich liebe es, mich in der Meditation an meinen Lieblingsplatz in der geistigen Welt zu begeben. Dort ist ein See, der von einer grünen Wiese umgeben ist. In der Nähe des Ufers steht eine mächtige, wunderschön gewachsene Eiche steht. Sie strahlt auf mich stärkende Energie aus.

Während einiger Begegnungen mit meinem Geistführer Emanuel übte er dort mit mir, Reden zu halten. Dazu manifestierte er in Sekundenschnelle vor uns einen Saal mit einer Bühne, auf der ich sprechen sollte. Es waren zahlreiche Geistwesen anwesend, die

Emanuel eingeladen hatte und gespannt auf meinen Vortrag warteten.

So ging ich auch diesmal vertrauensvoll auf die Bühne und hielt einen Vortrag darüber, wie wir durch die Entfaltung unseres spirituellen Bewusstseins und mit Herzlichkeit die Welt zum wahren Frieden hin verändern können, dass wir dabei bei uns selbst anzufangen haben und dass jeder Einzelne auf alle Einfluss nimmt, da wir alle eine große Familie sind - eine Einheit. Ich wünschte meinen Zuhörern, dass sie die Kraft dazu haben, um in ihrem Kreis den ersten Schritt zu tun und beständig weiterlernen, Liebe zu sein, in Liebe, mit Einfühlungsvermögen und Toleranz zu handeln. Damit schloss ich meinen Vortrag. Ich bedankte mich für den Beifall, der ertönte. Es erschien mir alles sehr echt, als ob ich es wirklich erlebte.

Emanuel kam im Anschluss applaudierend zu mir auf die Bühne. Gemeinsam standen wir dort nun, dem Publikum zugewandt, verbeugten uns und winkten zum Abschied.

Wir blieben auf der Bühne, bis die Zuhörer gegangen waren - bis auf einen, der nun auf uns zukam. Ich spürte, dass es mein Vater war, vielleicht aus einem Leben auf einem anderen Planeten? Er grüßte zu uns hinauf. Ich verabschiedete mich von Emanuel und ging die Bühnentreppe hinunter auf meinen Vater zu. Er wirkte auf mich wie ein Raumschiffkommandant. Er war größer als Emanuel, ebenfalls schlank und hatte schulterlange, goldblonde Haare. Wir umarmten uns vertraut zur Begrüßung. Dann erzählte er mir, dass er sich meinen Vortrag angehört hatte und ganz begeistert war. Er sagte wörtlich: "Du wirst immer besser!" Ich bedankte mich bei ihm etwas verlegen. Mir war gar nicht bewusst, dass er mich schon öfter beobachtet hatte.

Gemeinsam verließen wir den Saal und gingen einen grünen Hügel hinauf. Dort gelangten wir zu einem Raumschiff, in dem ich zur Erde zurückgebracht wurde – so kam es mir jedenfalls vor.

Ich stelle es mir schön vor, dies nicht nur mit meinem Lichtkörper, sondern auch mit meinem physischen Körper zu erleben!

Während einer anderen Begegnung mit Emanuel bat ich ihn: "Komm, lass uns zur Eiche gehen." Er war sofort einverstanden.

Von zwei gegenüberliegenden Seiten umfassten wir den Baumstamm. Wir wurden mit Energie aufgeladen. Die Sonne schien durch das dichte, grüne Eichenlaub und erfüllte uns mit Wärme. Wir genossen es. Eine Blaumeise flog zu uns und setzte sich auf einen der unteren Äste des Baumes. Ich bat sie, zu mir zu kommen. Voller Vertrauen landete sie auf meiner Schulter und flog gleich darauf auf meine Hand. Ich streichelte sie sanft. Es war ein wunderbares Gefühl. Liebe durchströmte meinen Körper und strömte zur Blaumeise hinüber.

Emanuel kam zu mir. Zunächst hatte die Blaumeise Angst und wollte weg fliegen; doch ich beruhigte sie und erklärte ihr, dass Emanuel genauso liebevoll zu ihr ist wie ich. So durfte er sie auch berühren.

Anschließend gingen wir aus dem Schatten des Baumes hinaus ins Sonnenlicht. Die Blaumeise teilte uns telepathisch mit, wie schön ihr Leben jetzt sei. Sie könne hier überall hinfliegen, wohin sie möchte, ohne irdischen Gefahren ausgesetzt zu sein – wie ihre Familie, die noch auf Erden sei. Die Blaumeise flog aufgrund ihrer Sorge aufgeregt hoch und wieder zu uns zurück. Ich versprach ihr, dass ich um Gottes Schutz für sie und ihre Familie bitte. Die Blaumeise bedankte sich und flog weiter.

Vielen Dank, Gott-Vater-Mutter, für dieses Meditations-erlebnis und für deinen Schutz und deine Führung, auch für die Familie der Blaumeise und für alle Menschen, Tiere und Pflanzen – so wie es im Einklang mit der göttlichen Ordnung geschehen darf, unter dem Gesetz der Gnade.

Mit ist es stets wichtig, bei Gebeten den göttlichen Plan zu bedenken. Die göttliche Ordnung ist stets zu achten!

Während einer erneuten Begegnung mit Emanuel wollte er mit mir in eine Höhle gehen, doch ich traute mich nicht. Da ermutigte er mich: "Komm schon mit. Du brauchst keine Angst zu haben."
Daraufhin ging ich mit ihm in die Höhle, zunächst zaghaft, doch dann war ich angenehm überrascht. Zwar war es am Eingang zuerst dunkel und unheimlich, doch innen sah ich mich in der kreisrunden Höhle verwundert um. Alles leuchtete in einem goldenen Licht. Ich war Emanuel

dankbar, dass er darauf bestanden hatte, mit ihm in diese Höhle zu gehen. Ein wunderbares Gefühl der Geborgenheit erfüllte mich.

Als wir wieder außerhalb der Höhle waren, sah ich die Welt in einem neuen Licht. Die Welt erstrahlte genauso wie das Innere der Höhle im goldenen Licht - dem warmen Sonnenlicht. Da wurde mir bewusst:

Wir sind in der Gotteshöhle, und Gottes Liebe durchströmt uns alle – beständig!

Ich fühlte, wie mich Gottes Liebesenergie durchströmte. Mein ganzer Körper kribbelte aufgrund dieser Energie. Ein goldenes Licht nahm ich in mir wahr, das meinen Körper erfüllte. Es strahlte aus mir heraus auf meine Umgebung, erfüllte die ganze Stadt, das Land Schleswig-Holstein, ganz Deutschland, Europa, Afrika, Asien, Amerika, Australien, Neuseeland, die Ozeane und Meere. Der ganze Erdball wurde eingehüllt in Gottes Liebe. Ja, die Liebe Gottes, die als goldenes Licht aus mir herausströmte, umfasste den ganzen Erdball mit seinen Bewohnern und das Universum mit all seinen Bewohnern. Wir alle sind im Kern durch Gottes Liebe miteinander verbunden!

Dankbar verabschiedete ich mich von Emanuel für diese Erfahrung, die er mir ermöglicht hatte, und kehrte innerlich berührt und energetisiert in die irdische Welt zurück.

Besonders in Meditationen fühle ich ein wunderbares Gefühl des Einsseins und der Geborgenheit, starke innere Ruhe und Ausgeglichenheit in mir. Das Gefühl des Einsseins mit Allem-was-ist bewahre ich mir auch im Alltag immer öfter.

Durch Meditationen wurde mir bewusst, dass das Wichtigste unser Spüren der Verbindung mit Gott, unserem Göttlichen oder Höheren Selbst, ist. In der Stille können dann Einblicke und Botschaften empfangen werden. Die Vertiefung der Wahrnehmung unseres Einsseins mit Gott empfinde ich als sehr hilfreich, um die Herausforderungen im Alltag vertrauensvoll zu meistern.

Einmal nahm ich während einer geführten Meditation einen Spiegel vor mir wahr und stellte mir die Frage: "Wer bin ich eigentlich?"
Ich sah Bilder aus meinem jetzigen Leben. Meinen physischen Körper brauche ich, um mich in der Welt zu zeigen. Doch wer bin ich wirklich? Nachdem ich mir diese Frage erneut stellte, wurde mir dies bewusst:

Ich bin ein Geistwesen, ein Lichtwesen, das einen irdischen Körper bewohnt.

Im Spiegel sah ich mich nun von einer Lichthülle umgeben.
Ich bin Licht im Licht und soll das göttliche Licht in mir in die Welt tragen.

Ich erkannte und fühlte deutlich, dass ich auf Erden bin, um eine Aufgabe zu erfüllen. Diese Aufgabe nahm ich an – ohne zu wissen, was sie alles beinhaltet.

Daraufhin spürte ich, dass ich ein Teil des Ganzen bin, der eine Aufgabe zu erfüllen hat – so wie jeder andere Mensch auch ein Teil des Ganzen ist und seinen wichtigen Beitrag zu leisten hat, jeder auf der Grundlage seiner eigenen Fähigkeiten und Entwicklung.

Mit frischem Mut gelangte ich zurück in die irdische Welt, um meine Aufgaben zu erfüllen.

Als ich im Fernsehen den 1. Teil der Verfilmung von Shirley MacLaine's Buch "Zwischenleben" ansah, beeindruckte und berührte mich besonders diese Szene:

Shirley MacLaine und ihr spiritueller Freund David sitzen am Meer auf dem Sandstrand. Er sagte zu ihr sinngemäß:

"Ich habe eine Übung für dich, damit du besser be-greifen kannst, dass wir alle Eins mit Gott sind. Stelle dich hin, breite die Arme aus und sage: ‚Gott und ich sind Eins', nein, ich habe einen viel besseren Satz für dich, sage: ‚ICH BIN Gott'."
Shirley antwortete David daraufhin: "Nein, das kann ich nicht sagen. Wenn ich sage, 'ICH BIN Gott', wer bist du denn dann?"

"Wir sehen in dem anderen nur, was wir in uns selber sehen. ICH BIN Gott."

Gemeinsam stärkten sie nun mit Hilfe dieser Übung in sich das Bewusstsein der Einheit von Allem-was-ist – in Gott.

Liebe Leserin, lieber Leser, bitte bedenke hierbei, dass mit dem Ausspruch „ICH BIN GOTT" unser Göttliches Selbst, das Höhere Selbst in uns angesprochen und in Tätigkeit gebracht wird, der höchste, meisterhafte Ausdruck unseres Seins. Je umfassender wir uns darauf einlassen, unser Göttliches Selbst durch uns wirken zu lassen, umso mehr nähern wir uns der spirituellen Meisterschaft, wo wir vollkommen unser Göttliches Selbst durch uns wirken lassen, in der Einheit mit Allem-was-ist.

Auch wenn alles aus der göttlichen, universellen Energie erschaffen wurde und weiterhin erschaffen wird, so gibt es doch unterschiedliche Frequenzen in der Manifestation und im Ausdruck. Je höher die Frequenz ist, umso mehr entspricht sie der bedingungslosen, allumfassenden Liebe, dem höchsten Ausdruck Gottes, die auch zugleich die größte Heilkraft ist.

Ja, alles ist aus göttlicher Energie erschaffen, doch es gibt Unterschiede im Ausdruck von Gott. Hanns-Joachim Starczewski (Künstlerfotograf, Medium und Heiler) sprach davon, dass jeder von uns Menschen ein Gott-Embryo ist. Je mehr wir uns also seelisch und geistig entwickeln und lernen, unser Göttliches Selbst – den höchsten, weisesten, liebevollsten, friedvollsten Ausdruck unseres Seins – in uns zu erkennen, zu fühlen und durch unser Leben als die Person, die wir gerade sind, zum Ausdruck zu bringen, umso mehr bringen wir Gott in seiner höchsten Frequenz zum Ausdruck.

Auch Jesus Christus sprach davon: „Wer an mich glaubt, der wird die Werke auch tun, die ich tue, und er wird noch größere als diese tun." (Johannes 14, Kap. 12)

Für mich ist Jesus Christus ein Mensch, der vor ca. 2000 Jahren als Meister auf Erden gelebt hat. Er hat sein Göttliches Selbst so vollkommen wie möglich auf Erden zum Ausdruck gebracht. Vielleicht hatte er seine Meisterschaft bereits in einem anderen Leben verwirklicht und ist freiwillig nochmals auf Erden wiedergeboren worden, um der Menschheit als großer Wegweiser zu dienen?

Für mich sind auch Buddha, Paramahansa Yogananda, Saint Germain, Mutter Maria, Rowena und andere Meister und Meisterinnen, die als aufgestiegene Meister bekannt sind, leuchtende Vorbilder. Sie lassen uns erkennen, was wir erreichen können, wenn wir bereit sind zu lernen, unser Göttliches Selbst so umfassend wie möglich durch uns wirken zu lassen. Dabei ist jeder Weg in die Meisterschaft einzigartig. Jeder Mensch hat zu lernen, seine eigene innere Führung immer deutlicher wahrzunehmen und ihr vertrauensvoll zu folgen.

Allerdings ist es wichtig, auch den Verstand mit einzubeziehen, z.B. in dem Sinne: Ist eine Idee umsetzbar? Wenn ja: Gleich oder später? Wie passt die Idee in die Lebenssituation, auch Familiensituation, hinein? Mit der

Zeit wird klarer, wann ein Gedanke, eine Idee, aus der göttlichen Führung kommt und wann diese eher aus unserem menschlichen Selbst, Ego genannt, kommt. Die göttliche Führung hat immer das Wohl des Ganzen im Blick, deshalb ist die Herzensbildung, der Ausdruck unserer all-umfassenden Liebesfähigkeit, ein wichtiger Meilenstein in unserer Entwicklung!

Eines Abends kurz vor dem Einschlafen sah ich eine weiße Taube. Sie flog zu mir und dann zurück zu einem Mann, den ich plötzlich deutlich mit meinem inneren Auge auf einem grünen Wiesenhügel stehen sah. Er trug eine braune Kutte mit einer Kordel und hatte graue Haare. Er sah mich glücklich und zufrieden an. Ich nannte ihn Arthur.

(In weiteren Visionen zeigte er sich mir mit weißem Gewand und weißem Haar.)

Zwei Jahre später erhielt ich von einer Klientin das Buch von Paramahansa Yogananda "Autobiographie eines Yogi" geschenkt. In diesem Buch ist Yoganandas Lehrer (Meister) zweimal abgebildet: Sri Yukteswar (1855-1936). Bei dem Gedanken daran, dass er Arthur (so nannte ich bisher meinen Geistführer, den Mönch...) ähnlich sieht, und bei der Erkenntnis, dass Sri Yukteswar mich eine Zeitlang intensiv leitete, standen mir plötzlich Tränen vor Freude und Rührung in den Augen. Besonders das Foto, auf dem Yogananda und Sri Yukteswar gemeinsam abgebildet sind, erinnerte mich deutlich an meinen Geistführer Arthur.

1993 bestätigte mir mein Kriya-Yoga-Lehrer Dhirananda, dass der, den ich Arthur nenne, tatsächlich Sri Yukteswar ist und dass meine Visionen echt sind. Seine Aussage hat mein Vertrauen in meine Wahrnehmungen sehr gestärkt. Danke, Dhirananda!

Als ich mich eines Tages auf meinen Geistführer Arthur einstimmte und ihn fragte, ob ich meinen Beruf wechseln soll, kam prompt seine Antwort, dass ich lieben soll. Er sagte mir auf telepathischem Wege, es käme gar nicht darauf an, ob ich etwas sage. Schon allein dadurch, dass ich an meinem derzeitigen Arbeitsplatz bin, würde ich dorthin Licht und harmonische Schwingungen bringen – zumindest, wenn ich im inneren Frieden bleibe. Durch meine Gegenwart beeinflusse ich meine Mitmenschen subtil in Richtung liebevoller Zusammenarbeit. Es wäre zu früh, meinen Arbeitsplatz zu kündigen. Mit welchen Menschen ich auch zu tun habe – sei es zu Hause, auf dem Weg zur Arbeit, in der Firma, in der Stadt, beim Einkaufen, bei Besuchen aller Art und auf Lehrgängen, in Kursen, bei Gruppentreffen - durch die göttliche Energie, die durch mich auf meine Umgebung ausstrahlt, bekommen die Menschen, denen ich begegne, Impulse, manchmal sogar neuen Mut dafür, ihren Lebensweg zu gehen, und sie erhalten unbewusst den Anstoß dazu, über den eigentlichen Sinn ihres Lebens nachzudenken.

Nun sah ich mit meinem geistigen Auge eine große helle Sonne, die vor mir auftauchte. Ihre Energie durchflutete mich, sie strömte durch meinen ganzen Körper und erfüllte mich mit Wärme und Energie. Anschließend nahm ich wahr, dass sich eine Lichthaube auf meinen Kopf legte, wie eine Krone. Ich empfand es als Zeichen dafür, dass ich durch mein geöffnetes Energiezentrum auf dem Kopf, dem Scheitelchakra, mit meinem Göttlichen Selbst verbunden bin und dadurch Energie und Führung erhalte.

Als ich Jesus Christus wahrnahm, wünschte ich mir, dass ich ebenfalls bedingungslose Liebe in die Welt bringe. Ich beschloss, ab jetzt mein Licht anzunehmen. Gleich darauf sah ich mich selbst in vollkommener Ausstrahlung auf mich zukommen. Ich vereinigte mich mit meinem Göttlichen Selbst. Ein herrliches Gefühl durchströmte mich, ebenso innere Ruhe und Gelassenheit. Gott wirkt durch mich. Seiner liebevollen, weisen Führung vertraue ich und erfülle meine Aufgaben. Ich bin vereint mit meinem Göttlichen Selbst und lasse es – so gut, wie mir möglich ist – durch mich wirken.

Wir Menschen sind alle individuell, doch jeder von uns kann sich bereit machen, sich mit seinem Göttlichen oder Höheren Selbst zu vereinen. Zunächst reicht die Absicht. Die weitere Führung auf dem Weg dahin folgt von innen heraus. Geduld ist gefragt, Durchhaltevermögen – nehmen wir uns einen Baum oder eine Blume als Vorbild. Beide wachsen langsam und beständig in ihrem Rhythmus – sie antreiben zu wollen, bringt nichts. An ihnen zu ziehen, bewirkt auch nichts. Dadurch wachsen sie nicht schneller – höchstens, indem sie unsere liebevolle Aufmerksamkeit erhalten.

Seien wir uns von Tag zu Tag der göttlichen Kraft und Liebe in uns und um uns herum mehr bewusst. Von Tag zu Tag lasst uns mehr und mehr aus unserem Göttlichen Selbst heraus auf Erden leben! Schon allein diese Absicht zu hegen, bringt uns Unterstützung aus der geistigen Welt, seien es Engel, Geistführer, Meister. Sie helfen uns gern, unser Ziel der spirituellen Meisterschaft mit Geduld, Beharrlichkeit und Freude zu verwirklichen.

Vielleicht sprechen Dich diese Gedanken an, liebe Leserin, lieber Leser, um sie täglich zu wiederholen:

„Gott ist in mir und wirkt durch mich so umfassend wie möglich. Gottes Liebe kommt durch mich zum Ausdruck in der Welt zum Segen von Allem-was-ist. Mögen immer mehr Menschen dich, Gott, in sich erkennen und durch ihr Leben auf Erden zum Ausdruck bringen zum höchsten Wohl des Ganzen! Danke!"

Meister Saint Germain übermittelte in der 2. ICH BIN-Rede:
„Gott ist nichts als Vollkommenheit, jeder äußere (negative) Schein dagegen nichts als menschliches Machwerk infolge Missbrauchs der göttlichen Kraft."

Eines Tages entdeckte ich einen Zettel, auf den ich vor einiger Zeit den Namen, die Adresse und Telefonnummer einer Frau notiert hatte. Ein Bekannter empfahl mir, sie mal anzurufen. Das wollte ich an diesem Tag tun.

Wie erstaunt war ich, als mich kurz darauf genau diese Frau selbst anrief. Sie hatte wohl meine Gedanken telepathisch aufgenommen, oder ich hatte ihre Gedanken an mich wahrgenommen.

Durch unser ausführliches Telefonat wurde mir nochmals bewusst, dass zwar überall eine geistige Schwingung ist, dass die Schwingungen jedoch unterschiedlich sind, z.B. ist es ein Unterschied, ob wir uns auf eine Pflanze, einen Stein oder auf Jesus Christus, Buddha, einen Engel, Erzengel oder Gott einstimmen.

Die stärkste Energieaufladung erhalten wir, wenn wir uns auf die bedingungslose Liebe, Weisheit und Kraft von Gott-Vater-Mutter einstimmen, auf die liebevollsten, energievollsten, weisesten Engel und auf Geistwesen, die Gott bereits in seiner höchsten Ausdrucksform durch sich zum Ausdruck bringen, z.B. aufgestiegene Meisterinnen und Meister wie Jesus Christus, Mutter Maria, Buddha, Paramahansa Yogananda, Saint Germain ...

Es reicht also nicht, uns allgemein auf Licht- oder Geistwesen einzustimmen, sondern wir sollten dazu noch bewusst die Frequenz wählen, auf die wir uns einstimmen möchten - wie bei einem Radiogerät, mit dem wir zwar viele Sender empfangen können, doch nicht jeder Sender hat Musik, die uns gefällt. Da wählen wir ja auch den Sender, der die Musik spielt, die wir in dem Moment gern anhören möchten. So ist es auch mit der geistigen Welt:

Wir können durch unsere Gedanken und Gefühle bestimmen, worauf wir uns einstimmen = auf grobstofflichere (niedere) oder auf feinstofflichere (höhere) Frequenzen.

Auf Gott, die einzige Quelle von Allem-was-ist und die höchste Frequenz, die es gibt – die Energie der bedingungslosen, allumfassenden Liebe – können wir uns überall einstimmen, denn Gott ist der Kern in allem, zum Beispiel in jedem Menschen, jeder Pflanze, in jedem Tier! Lernen wir doch, uns immer öfter auf die höchste Schwingung, auf das Göttliche in allem, einzustimmen – die allumfassende, bedingungslose Liebe, die stärkste Heilkraft, unerschöpfliche Energie und Kreativität.

Mit der Zeit lernen wir dann, uns auch **in uns selbst** auf die höchste Frequenz einzustimmen – auf den göttlichen Funken in uns, unser Göttliches oder Höheres Selbst, Christus-Selbst, auf unsere ICH-BIN-Gegenwart.

So kommen wir dem Gefühl der Einheit allen Seins immer näher.

Vor dem Einschlafen erhielt ich diese Vision:

Ich sah gläserne, lichtvolle Dreiecke, denen die Spitze fehlte – unzählige hintereinander aufgereiht. Mir wurde gesagt:

"Das sind Pyramiden, denen die Spitze fehlt."

Ich dachte: 'Was bedeuten noch Pyramiden?' Dann schlief ich ein.

Während ich am nächsten Morgen erwachte, kam mir diese Erklärung:

Die Spitze fehlt noch – der Punkt, von dem alles ausgeht = GOTT !!!

Diese Vision forderte mich also auf, meine Gedanken noch intensiver auf Gott auszurichten und nicht bei Jesus Christus Halt zu machen.

Wenn wir unsere Gedanken auf Gott, das höchste göttliche Sein, ausrichten und seine liebevolle, kraftvolle, schöpferische Energie bereit sind zu empfangen – in dem Maße, wie wir es verkraften können –, wird das Dreieck wieder vollständig, denn Gott kann dann durch unser Höheres Selbst/Christus-Selbst in unserem irdischen Sein und in der Welt wirken. Gott und wir sind bewusst vereint, wirken gemeinsam.

Erfahre es auch selbst, liebe Leserin, lieber Leser! Spürst Du den Unterschied?

„Ich und der Vater sind Eins", sagte schon Jesus Christus (Johannes 10, Vers 30). Er konnte Gott bereits vor über 2000 Jahren auf Erden vollkommen zum

Ausdruck bringen als Lehrbeispiel für uns, was möglich ist, wenn wir mit Gott vereint auf Erden wirken.

„Ihr werdet noch größere Werke tun als ich", prophezeite Jesus Christus zu seinen Lebzeiten:

„Wahrlich, wahrlich ich sage euch: Wer an mich glaubt, der wird die Werke auch tun, die ich tue, und er wird noch größere als diese tun; denn ich gehe zum Vater." (Johannes 14, Vers 12)

Gott ist Liebe. Durch Gott und in Gott lebt alles – auch Du selbst!

Was wir uns als wahr vorstellen können, kann sich in unserem Leben verwirklichen, umso leichter, je mehr es mit Gefühlen wie Freude, Vertrauen und Begeisterung aufgeladen ist. Doch lasst uns dabei hinzufügen, dass es im Einklang mit der göttlichen Ordnung geschehen möge zum Wohle des Ganzen.

Meine Verbindung mit dem Planeten Erde stelle ich mir bis zum Erdkern vor – zum inneren Kristall - und beziehe von dort aus Energie, die mich magnetisch auf Erden hält. Das ist besonders wichtig, da ich mich oft in geistigen Welten bewege. Wie ein Baum bleibe ich währenddessen auf Erden verwurzelt.

Wie ist es mit Deiner Erdung, liebe Leserin, lieber Leser? Spüre in Deine Fußsohlen hinein, wo sich die

Erdungschakren befinden. Schon allein Deine Aufmerksamkeit darauf stärkt Deine Erdung. Wie ist von dort aus Dein Verbundensein mit Mutter Erde, auf der wir hier leben? Kannst Du Energie von ihr in Dich einfließen spüren? Je besser es geht, umso stärker bist Du auf Erden verwurzelt, beziehst Kraft von ihr und stärkst Dein Vertrauen, immer mit allem versorgt zu sein, was Du für Dein irdisches Leben brauchst. Außerdem gelingt es Dir dann leichter, Dich für Dein Verbundensein mit Deinem Göttlichen Selbst und für die liebevolle geistige Welt zu öffnen – so wie ein Baum stabiler in die Höhe wachsen und sich entfalten kann, je tiefer und stärker er in der Erde verwurzelt ist.

Worauf wir unsere Aufmerksamkeit lenken, damit sind wir verbunden.

Das, worauf wir uns konzentrieren, ziehen wir in unser Leben!

Unsere Gedanken bestimmen unser Leben, besonders, wenn sie auch noch mit starken Gefühlen aufgeladen sind.

Dessen sollten wir uns bewusst bleiben und am besten nur konstruktive Gedanken wählen.

Auch mein Geistführer Emanuel teilte mir mit, wie wichtig es ist, dass wir uns auf konstruktive Vorstellungen konzentrieren. Dadurch wirken wir auf uns selbst und unsere Umgebung in verstärkter Form heilend, einfach so, weil wir da sind, und niedere Schwingungen von negativen Gedanken und Gefühlen, die umherschwirren, können uns nichts anhaben.

Eines Tages bat ich in der Meditation um Heilung meines Körpers. Ich bat Jesus Christus besonders um Stärkung meiner Augen und meiner Organe im Unterleib. Augenblicklich spürte ich, dass mein Körper mit Heilungsenergie erfüllt wurde. Dann nahm ich folgendes wahr:

Meinen Geistführer Emanuel spürte ich hinter mir, ich durfte mich an ihn anlehnen. Dabei hatte er einen Arm um mich gelegt, wodurch ich mich geborgen und wohl fühlte, voller Vertrauen, mich der Heilungsenergie mehr und mehr zu öffnen. Jesus Christus stand vor mir und hielt seine Hände mit etwas Abstand an meinen Kopf, um den Augenbereich energetisch aufzuladen. Es war sehr berührend für mich, dies zu erleben. Von Herzen dankte ich ihnen für ihre liebevolle, wirksame Hilfe.

Du darfst ebenfalls diese Bitte um Heilung oder auch um Vitalisierung aussprechen, liebe Leserin, lieber Leser! Jesus Christus ist für jeden da, der ihn um Hilfe bittet. Für mich ist er der größte Heiler, der bisher auf Erden gelebt hat. Du kannst Dich jedoch auch an den Erzengel Raphael wenden, Deinen Schutzengel, Geistführer oder einen der Heilengel, die im Sinne Gottes und Jesus Christus wirken.

Besonders in Meditationen stelle ich mir die Welt bereits als eine liebevolle, friedvolle Welt vor, in der jeder jeden so nimmt, wie er ist. Jeder strebt von Herzen seine Weiterentwicklung, seine spirituelle Bewusstwerdung an. Selbstlose Liebe und herzliches Füreinander-da-sein prägen das Miteinander. Jeder kann sich aufrichtig mit dem Glück und dem Fortschritt der anderen freuen …

Plötzlich wurde mir bewusst, dass die Weltraumforschung auf friedvolle Weise Fortschritte machen wird und dass es eines Tages ganz natürlich sein wird, dass Weltraumfahrten für uns alle Wirklichkeit sind – weil ja auch immer mehr Menschen ihre innere Welt erforschen durch Meditationen, Rückführungen, Fantasiereisen …

„Wie innen so außen …" (Hermes Trismegistos)

Über diese Offenbarung freute ich mich sehr. Mögen diese Fortschritte segensreich sein und uns Menschen helfen, die Verbundenheit mit Allem-was-ist zu spüren und zu achten.

In dem Zusammenhang möchte ich mit Dir mein Erlebnis des **EINSSEIN**s teilen:

Bei herrlichem Sonnenschein meditierte ich auf der Terrasse. Die Vögel zwitscherten in den Bäumen.
Plötzlich war es ganz still, kein Lüftchen regte sich, so als ob die Bäume, die Luft, die Sonne mit mir vereint wären. Es war ein wunderbares Gefühl.

Dann konzentrierte ich mich auf einen der Bäume. Mit meinem Blick bin ich den Stamm bewusst hinauf gewandert bis in die einzelnen Äste hinein. Plötzlich prickelten meine Arme und mein ganzer Körper, so, als ob der Baum dasselbe mit mir tat.

Ich stimmte mich auf meine Geistführer Arthur und Emanuel ein. Die beiden nahmen mich in ihre Mitte und führten mich zu einem **riesigen Lichtmeer** - gewaltig, wie viele, viele Sonnen, die miteinander verschmolzen sind zu einem riesigen Meer. Wir sahen es von außen, denn wir standen außerhalb. Ich sah uns als kleine Wesen davor. Das Lichtmeer war gewaltig hoch, gewaltig breit und lang. In sich bewegte es sich ständig. Ich kann sagen, es atmete. Es sah aus wie Feuer in einem Ofen, wie Kaminfeuer ohne einzelne Flammen oder wie glühende Lava oder wie alles zusammen. Eine angenehme Wärme strahlte davon aus. Ich wusste, ich kann da hineingehen, ohne zu verbrennen, ganz im Gegenteil würde ich mich unendlich wohl fühlen, geborgen und geliebt. Schon allein es nur zu betrachten, fühlte sich für mich wunderbar an.

Entspannt, glücklich und voller Vertrauen kam ich in mein Tagesbewusstsein zurück, nachdem ich dieses gewaltige Lichtmeer eine Weile auf mich wirken ließ. Am liebsten wollte ich zurück in die Meditation, um die Chance zu nutzen, in das Lichtmeer hineinzugehen und nicht nur davor stehenzubleiben als Betrachterin. Doch Arthur und Emanuel sagten mir, es sei noch nicht so weit. Ich sollte noch etwas Geduld haben. Da kehrte ich in mein Tagesbewusstsein zurück. Es hätte nichts gebracht, mit ihnen zu diskutieren. Mir war klar, dass meine Geistführer den besseren Überblick haben. Ich dankte ihnen dafür, dass sie mir das Meer der Liebe gezeigt hatten.

Abends meditierte ich nochmals. Den Namen Lene nahm ich wahr. Ich spürte die liebevolle Schwingung dieses engelhaften Geistwesens."Hab Vertrauen", bat sie mich.

Dann sah ich sie zusammen mit meinen Geistführern Arthur und Emanuel, und gleich darauf waren wir beim reinigenden, göttlichen Feuer der Liebe, wie ich es jetzt nennen würde.

"Komm, wir gehen gemeinsam hinein", forderte Lene mich ermutigend auf.

Dass es noch am selben Tag geschehen durfte, freute mich sehr.

Augenblicklich erlebte ich mich inmitten des Göttlichen Feuers der bedingungslosen Liebe. Ich sah und spürte gleichzeitig, wie es von außen verhärtete Schichten aufschmolz, dann in meinen Körper strömte, mich innerlich wärmte und heilte. Ich atmete bewusst das himmlische Feuer der heilenden Liebe ein.

Mit Worten gelingt es mir kaum zu beschreiben, was dies für ein starkes Erlebnis für mich war.

Durch ein Buch über die Bedeutung von Vornamen erkannte ich, wie stimmig es war, dass Lene mit mir in das Himmelsfeuer gegangen ist, denn ihr Name bedeutet "Flamme, strahlende Sonne"...

Deshalb konnte sie also mit mir in das himmlische Feuer eintauchen.

Jesus Christus erschien mir in biblischer Gestalt. Goldenes Licht umgab ihn, in das auch ich eingehüllt wurde, als er mich umarmte. Dies geschah, nachdem ich seine Hände ergriffen hatte, die er mir reichte. Er hatte goldbraune Haare, einen goldbraunen Bart, eine liebevolle, sanfte, einfühlsame und warmherzige Ausstrahlung, jedoch auch Ausstrahlung von Kraft, Stärke, Selbstbewusstsein und Selbstvertrauen – eine wahrhaftige Führungspersönlichkeit!

Seine Botschaft an mich: „Nimm an deinen Auftrag auf Erden."

Ich tat es ohne zu zögern und sah, dass mich mein Auftrag mit allen Schichten der Menschheit zusammenführt. Gott wirkt durch mich jederzeit heilend, segnend, liebend.

„Gebe dich ganz Gott hin!"

Ich bat Gott, durch mich zu wirken, doch Jesus Christus forderte mich nochmals dazu auf. Wie ich mich noch besser Gott hingeben könnte, wusste ich nicht. Das machte mich traurig. Ich dachte, Jesus Christus verlangt von mir etwas, was ich noch nicht geben kann. Da hörte ich ihn zu mir sagen:

„Doch, du kannst es. Ich helfe dir dabei. Bete zu Gott in meinem Namen und bitte ihn um deine Erleuchtung und das Aufblühen deiner Hingabefähigkeit."

Diese Worte sprach ich aus:

<Gott, ich bitte dich im Namen von Jesus Christus um meine Erleuchtung und um das Aufblühen meiner Hingabefähigkeit.>

Ich wiederholte es so oft, bis Jesus Christus mit meiner inneren Einstellung dazu zufrieden war. Als diese nach einer Weile tatsächlich mit dem übereinstimmte, um was ich bat, war ich tief im Herzen berührt.

Nun sah ich den Planeten Erde als strahlenden, leuchtenden, weißen Stern − wie schon öfter. Jesus Christus erklärte mir dazu:

„Siehst du das? So siehst du die Erde. Bewahre es in deinem Herzen, auf dass es heilend wirke. Sei voller Vertrauen und Mut. Alles ist gut. Wir sind mit dir jederzeit."

Innerlich berührt bedankte ich mich für diese erhebende Begegnung und Botschaft.

Nun lehrte Jesus Christus mich, wie ich die Erde segnen kann. Der Erdplanet war vor uns im All. Er hob seine Arme, breitete sie aus und segnete die Erde. Er bat mich, es ihm gleich zu tun, was ich daraufhin tat. Jesus Christus führte mich dabei. Dann sagte er:

„Damit du sie allein segnen kannst, mache dich so groß, dass du sie von allen Seiten segnen kannst. Diese Vorstellung ist wirklich. Es geschieht genau so, wie du es siehst."

Ja, und so konnte ich, weil ich so groß war, mit meinen Händen alle Flächen der Erde gleichzeitig heilend und segnend bestrahlen. Der Planet Erde war zwischen meinen Händen.

Dankbarkeit erfüllte mich über diese liebevolle, klare und deutliche Führung.

Anfang der 90er Jahre hatte die spirituelle Lehrerin Solara weltweit angekündigt, dass am 11. Januar 1992 die Chance besteht, dass wir uns als Menschheit für den Aufstieg bereit machen. Würde es eine genügend hohe Anzahl von Menschen sein, die sich in dieser Vision vereinen, würde eine geistige Toröffnung stattfinden. Diese würde es ermöglichen, dass wir noch mehr Hilfe für unsere spirituelle Entwicklung aus der geistigen Welt erhalten. Würden wir durch unsere weltweit vereinten Energien die Toröffnung ermöglichen, würden die Voraussagen des Sehers Nostradamus hinfällig sein, da wir uns als Menschheit für den Aufstieg ins Licht entschieden hätten. Dieser Weg wäre dann nicht mehr aufzuhalten. Zwar würde es weiterhin viele Herausforderungen geben, auch durch Katastrophen – wir leben nun mal auf dem Planeten Erde in einer Welt der Polarität -, doch in wesentlich abgeschwächter Form.

An jenem Samstag Vormittag meditierte ich zunächst ab elf Uhr für circa eine Stunde und erhielt diese Vision:

Viele Menschen sah ich, mir in der Erdenwelt bekannte und unbekannte, die sich glücklich versammelten. Wir freuten uns über unser Wiedersehen. Es waren auch Engel mit dabei, Meisterseelen, Geistführer.

Wir setzten uns alle in Bewegung, wie eine Völkerwanderung gen Himmel sah es aus, denn es ging beständig aufwärts. Dann erlebte ich, dass wir einen riesigen Kreis bildeten. Wir hielten uns an den Händen und bewegten uns im Uhrzeigersinn. Dabei wurden wir immer schneller – für mich ein Symbol für die Erhöhung unserer irdischen Schwingung. Ich fühlte, dass die ganze Welt im Aufbruch war ins Einssein mit Gott.

Plötzlich erschien mir der Planet Erde wie der Korb eines Heißluftballons, und wir schwebten immer höher und höher. Die Weite des Kosmos nahm ich wahr und spürte eine innere Freude darüber, dies zu erleben.

Dann sah ich einen Lichtpunkt vor uns, ein wunderschönes helles Licht, ausgehend von einem großen, leuchtenden Stern. Ich dachte an den mittleren Gürtelstern "AN" vom Sternbild Orion, der für uns laut der spirituellen Lehrerin Solara das Tor sei. Wir wurden vom Licht angezogen und konnten uns leicht hindurch bewegen.

Das Tor hatte sich geöffnet. Es war riesig, gewaltig. Als wir hindurch waren, sah ich uns als Adler im Lichtmeer der göttlichen Liebe schweben. Es sah rosa-rot-golden aus, greifbar verdichtet, Halt, Schutz und Geborgenheit gebend.

Meine Vision setzte sich noch weiter fort:

Auf einer Erhöhung, ähnlich einem riesigen Felsenberg, stand ein großer Engel mit blonden Haaren. Er trug ein leuchtendes, weißes Gewand. War es Erzengel Michael? Der Gedanke kam mir. Von ihm aus gesehen flogen wir noch im Nebel, doch ich hörte ihn sagen:

"Der Nebel wird sich lichten!"

Dieses Gefühl hatte ich ebenfalls. Es war bereits dadurch erkennbar, dass der Nebel schwächer wurde und sich schon einzelne Wolken gebildet hatten.

An diesem Punkt meiner Vision beendete ich die Meditation und kam in mein Tagesbewusstsein zurück, doch ich fühlte mich den ganzen Tag über so, als ob ich gar nicht vollständig anwesend wäre.

Am Abend des 11. Januar 1992 hatte ich nochmals eine intensive Vision, als ich zusammen mit einem Freund meditierte. Ungewöhnlich war für mich, dass die Vision sich an dem Punkt fortsetzte, wo sie mittags geendet hatte.

Der Nebel hatte sich tatsächlich gelichtet. Deutlich sah ich eine golden schimmernde Lichtstadt, außerdem eine große Sonne. Und ich sah eine leuchtend rote Rose, die schon etwas aufgeblüht war. Dabei hörte ich die Worte des Engels, der für mich Erzengel Michael war:

"Es ist vollbracht!"

Nun sah ich einen leuchtenden Lichtengel zu mir kommen. Er hatte ungefähr meine Größe und trug ein Lichtgewand. Es war weiß, mit goldenen Bändern abgesetzt. Mein wahres, umfassenderes Selbst? Mein Schutzengel?
Auf jeden Fall war es ein wunderbares Gefühl, die Gegenwart dieses Engels zu spüren und ihn sogar kurz gesehen zu haben.

Heiße Energie durchströmte mich. Dankbar nahm ich die weitere Öffnung und den starken Fluss der göttlichen Energie durch alle meine Chakren an. Ein wunderbares Glücksgefühl brachte mich während der Meditation zum Lachen.

Nun erhielt ich eine Vision vom gewandelten Planeten Erde:

Eine licht-erfüllte, friedvolle Welt sah ich, in der die Menschen sich von Herzen mögen und einander helfen mit Toleranz und Einfühlungsvermögen. Sie leben auf der Erde im Einssein mit Gott zum höchsten Wohl der ganzen Schöpfung.

Die Rose, die ich bereits wahrgenommen hatte, öffnete sich noch weiter. Sie blühte vollständig auf. Wieder hörte ich: "Es ist vollbracht!" Es klang machtvoll und trotzdem liebevoll.

Es war ein unbeschreiblich schönes Gefühl, die Verbundenheit mit Allem-was-ist so intensiv zu spüren, wofür ich sehr dankbar bin.

(Übrigens habe ich erst im Herbst 1992 Solaras Buch "An die Sterngeborenen" gelesen, und "II:II" im Sommer 1993...)

Innerhalb einer Meditation im Rahmen eines Kriya-Yoga-Treffens nahm ich Sri Yukteswar wahr, den Meister von Paramahansa Yogananda. Er setzte sich als Geistwesen vor mich hin auf die Matte und meditierte mit mir gemeinsam. In Gedanken und mit Humor vermittelte ich ihm:
„Wenn wir uns beide verbeugen, stoßen wir zusammen."
Sri Yukteswar – der, den ich bisher Arthur genannt hatte – lachte und sagte, dass er ja ein Geistwesen ist, und indem wir uns gemeinsam verbeugen, werden wir Eins.

Es war sehr berührend für mich, Sri Yukteswar so deutlich hellsichtig wahrzunehmen.

Auch die Meister Yogananda und Jesus Christus nahm ich dankbar wahr.

Da ich so deutliche Visionen der Meister hatte, bat ich den Kriya-Yoga-Meister Dhirananda um Antwort, ob dies echt ist oder nur Einbildung. Er bestätigte mir, dass meine Einblicke echt sind und erklärte mir die Ursache, was mir für meinen weiteren Weg sehr geholfen hat.

Ich bat Gott und die Meister darum, dass meine Hingabe, Liebe und Demut so stark werden und bleiben, dass ich mein Ziel der spirituellen Meisterschaft im Auge behalte zum Heil und Segen von Gottes ganzer Schöpfung!

An einem Abend hatte ich eine deutliche, für mich hellsichtig wahrnehmbare Begegnung mit meinem Göttlichen Selbst, worüber ich sehr glücklich bin:

Ich sah, dass eine große, würdevolle Gestalt mich an die Hand nahm. Die Gestalt hatte braunes, gestuftes, welliges Haar. Für mich hatte sie Ähnlichkeit mit Jesus Christus.

Ich ging an seiner linken Seite und hatte meinen rechten Arm bei ihm untergehakt. Seine rechte Hand hatte er zusätzlich noch auf meine rechte Hand gelegt, während ich meine linke Hand auf seine rechte Hand gelegt hatte.

Es war ein wunderbares Gefühl der Vertrautheit, Geborgenheit, des Beschütztseins, des sicher Geführtseins. Ruhe, Frieden, Gelassenheit, feierliche Stimmung, Würde, Achtung …

Mein Göttliches Selbst machte mir bewusst, dass wir immer miteinander verbunden sind, wohin ich auch gehe. Danke!

Ich erhielt den Hinweis, wie wichtig es ist, mich auf mein eigenes Göttliches Selbst, mein Christus-Selbst, das ich ja nun kennengelernt habe, einzustimmen. Bevor ich meine Aufmerksamkeit auf Jesus Christus oder andere Meister/-innen lenke, soll ich mir meines eigenen Christusselbstes bewusst sein, da die Christuskraft auch **in** mir ist. Meine Aufgabe sei, sie nicht mehr getrennt von mir zu sehen, sondern mich mit ihr Eins zu fühlen.

Jeder Einzelne von uns hat denselben göttlichen Geist in sich, wie er durch Jesus Christus zum Ausdruck gekommen ist – dieselbe ICH-BIN-Gegenwart, wie Meister Saint Germain sagen würde. Je umfassender wir den Christusgeist – unser Göttliches Selbst – durch uns wirken lassen, umso leichter fällt es uns, ebenfalls Wunder zu bewirken.

Jesus Christus gab mir diese Botschaft:

*"Ich nehme mich gern deiner an. Das ist meine Aufgabe, **allen** Menschen beizustehen, die den rechten*

Pfad gewählt haben. Ich helfe ihnen, die Christuskraft, den Christusgeist, in sich selbst zu wecken und zum Ausdruck zu bringen. Und so helfe ich auch dir. Stimme dich immer wieder auf mich ein. Es wird mir niemals zu viel, ganz im Gegenteil freue ich mich über jeden, der die Christuskraft in sich wecken möchte und dafür um meine Hilfe bittet."

Danke, lieber Bruder und Meister Jesus Christus, für deine Botschaft!

Dieses Gebet können wir sprechen:

"Lieber Bruder, Meister und Lehrer Jesus Christus, ich bitte dich, lehre mich, die Christuskraft so zum Ausdruck zu bringen, wie du es getan hast,
damit ich lerne, stets im inneren Frieden zu sein, was auch geschieht,
damit ich wahrhaft Liebe bin,
damit ich wahrhaft Heilung bringe,
damit ich wahrhaft Wunder manifestiere, um den Glauben meiner Mitmenschen zu stärken. Danke!"

Ich nahm wunderbares Licht vor meinem inneren Auge wahr und sah Jesus Christus an meiner Seite - zunächst vor mir, dann mich einhüllend in seine liebevolle Ausstrahlung.

Jeden, der Jesus Christus darum bittet, lehrt er, das eigene Göttliche Selbst, die Christuskraft, durch sich wirken zu lassen bis zur Vollkommenheit, so wie er es getan hat und noch darüber hinaus. Wir sollen uns dieses hohe Ziel setzen, damit wir das Mögliche erreichen können.

Das waren seine Worte an mich. Sie gelten auch für Dich, liebe Leserin, lieber Leser!

Jesus Christus und andere Meisterinnen und Meister helfen auch Dir gern dabei, wenn Du lernen möchtest, Dein Göttliches Selbst zu entdecken und es durch Dein Leben auf Erden zum Ausdruck zu bringen, zum höchsten Wohl des Ganzen!

Der göttliche Funke ist in einem jeden von uns! Wir können ihn auch Göttliches Selbst, Christus-Selbst oder ICH-BIN-Gegenwart nennen. Durch das Leben von Jesus Christus können wir anschaulich erkennen, was die göttliche Kraft in uns alles in der Außenwelt zu bewirken vermag, wenn wir sie durch uns wirken lassen. Wir haben die gleiche göttliche Kraft in uns wie Jesus und andere Meister/-innen, die sie bereits auf vollkommene Weise zum Ausdruck gebracht haben. Diese göttliche Kraft will zum konstruktiven Ausdruck gebracht werden zum höchsten Wohl des Ganzen. Wenn wir diesen Wunsch haben und uns auf diesen Weg begeben, sind wir auf dem Weg in die spirituelle Meisterschaft. Wann wir dieses Ziel erreichen, ist ungewiss, doch es ist wichtig, auf dem Weg dorthin zu bleiben – geduldig, beharrlich, im Herzen zentriert. Allumfassende Liebe, innerer Frieden und unerschütterliches Vertrauen sind Eigenschaften unseres

Göttlichen Selbstes. Je mehr wir diese durch uns zum Ausdruck bringen, umso stärker tragen wir zur spirituellen Bewusstseinsentfaltung der Menschheit bei, zum wahren Frieden in der Welt und zum liebevollen Miteinander und Füreinander-da-sein. Je mehr wir unser Göttliches Selbst durch uns wirken lassen, umso besser können wir unsere Schöpferkraft im Sinne der Liebe und des Friedens einsetzen. Wir nehmen auch deutlicher unsere innere Führung wahr. Wenn wir uns mit dem höchsten göttlichen Sein in uns verbinden, können uns unsere Geistführer und aufgestiegene Meister/-innen, die uns schulen möchten, besser erreichen. Sie leiten und lehren uns, ganz aus unserem Göttlichen Selbst zu leben. Mit der Zeit kommen aus dieser Einheit heraus neue, umfassendere Aufgaben auf uns zu. Das Lernen hält nie auf!

Meister Saint Germain & die ICH BIN-Reden

Die „ICH-BIN-Gegenwart" ist laut Meister Saint Germain ein anderer Name für Gott. Es gibt 33 Reden Reden aus den 1930er Jahren, darunter sind vier Reden von Jesus Christus, die manche der Aussagen, die er in seinem irdischen Leben gesprochen hat, in einem neuen Licht erscheinen lassen.

Die Worte „ICH BIN" setzen die göttliche Kraft in uns in Tätigkeit – auf die Weise, was wir nach diesen Worten denken, fühlen, sprechen!

Ich finde es wunderbar, mir nun bewusst zu sein, dass Gott wirklich alles Gute, Vollkommene ist und dass ich nur dieses manifestieren kann, wenn ich mich auf meine ICH-BIN-Gegenwart einstimme und über sie meditiere in diesem Bewusstsein: Gesundheit, Heilsein, Frieden, Liebe, Glück, beglückende Fülle, Schönheit, Jugendlichkeit, Beweglichkeit ...

Die Worte „ICH BIN" sprechen die göttliche Kraft in uns an und bringen sie in Tätigkeit. Saint Germain lehrt in den ICH BIN-Reden, dass wir gerne die folgenden Sätze sprechen können, um den Kontakt mit den aufgestiegenen Meistern zu stärken. Allerdings dürfen wir nicht bestimmen, wann es geschehen soll. Doch durch unsere Bereitschaft, ihnen zu begegnen, haben sie die Gelegenheit, uns zum richtigen Zeitpunkt zu schulen, auch für uns sichtbar.

"ICH BIN die Gegenwart, die den Weg bereitet, und die zur sichtbaren Verbindung mit den geliebten aufgestiegenen Meistern führt!"
(ICH-BIN-Rede Nr. 14)

Ich sage auch gern:

"ICH BIN die sichtbare Gegenwart jener großen, geliebten aufgestiegenen Meister, von denen ich wünsche, sie möchten vor mir erscheinen und deren Beistand ich erbitte."

In einer meiner Meditationen stimmte ich mich auf den Südhang des Mount Shasta in Kalifornien ein in der Hoffnung, dort auf meiner Seelenreise einem aufgestiegenen Meister zu begegnen, z.B. Saint Germain. Zu meiner Freude ist es tatsächlich geschehen. Dies erlebte ich:

Mit meinen Händen strich ich über die Erde. Plötzlich stand Saint Germain vor mir und reichte mir seine Hände, damit ich sie ergreife. Zunächst wollte ich es nicht tun, weil meine Hände schmutzig waren, schließlich hatte ich ja die Erde angefasst. Doch Saint Germain ergriff meine Hände und zog mich hoch. Er legte seinen rechten Arm um mich, und wir gingen ein Stück zusammen. Währenddessen erklärte er mir:

"Denke daran, deine Hände sind immer rein, da du selbst rein bist!"

Meine Hände waren tatsächlich wieder ganz sauber - was Saint Germain wohl bewirkt hatte bzw. die ICH-BIN-Gegenwart, die durch ihn wirkt.

"Die Kraft in dir ist schwach, doch sie wird wachsen. Bleibe treu auf deinem Weg, die ICH-BIN-Kraft zu nutzen. Mein Schutz ist dir sicher, wo immer du bist! Ich wache über dich. Sei dir dessen stets bewusst!"

Saint Germain stärkte mein Vertrauen, diese machtvolle Gotteskraft, die ICH-BIN-Gegenwart, stets liebevoll durch mich wirken zu lassen. Umso mehr könne ich zum Wohl des Ganzen beitragen.

Ich dankte ihm für diese deutliche Begegnung und Botschaft!

Während einer weiteren Meditation begegnete ich Saint Germain an einem Meeresstrand. Er trug ein weißes Gewand. Die Sonne spürte ich als Ausdruck der Liebe Gottes und nahm sie in mich auf.

"Gott ist Liebe! ICH BIN Liebe."

Meister Saint Germain sagte mir, ich solle nach Höhr-Grenzhausen fahren, um dort Näheres zu erfahren. Doch ich sagte ihm, dass ich kein Gefühl dafür habe, denn die Antwort ist **in** mir!

Daraufhin erklärte Saint Germain mir: "Richtig so. Kein Platz in der Außenwelt kann dir das geben, was du in deinem Inneren erfährst. Doch es kann ein Wegweiser sein, deine Kräfte noch stärker zu nutzen. Der richtige Zeitpunkt kommt, und du wirst dort hinfahren. Achte auf die Zeichen."

In der Abendmeditation nahm ich Godfré Ray King, den Übermittler der ICH BIN-Reden von Saint Germain und Jesus Christus, wahr. Er teilte mir mit, dass ich ihn aus einem früheren Leben kennen würde, aber nicht aus einem Leben in Ägypten, sondern von der Inka-Zeit her.

Als ich eines abends im Bett lag und kurz vor dem Einschlafen war, erzählte mir Saint Germain, dass ich ihn in Frankreich als Grafen Saint Germain gekannt habe, und es stimme, dass wir damals zusammen getanzt haben. Von ihm habe ich in dem früheren Leben bereits gelernt, die göttliche Kraft weise zu nutzen. Als er nicht mehr vor Ort war, war ich traurig, doch nachdem ich mich wieder gefangen hatte, setzte ich weiterhin um, was er mich gelehrt hatte. Die spirituelle Meisterschaft erreichte ich in dem Leben jedoch nicht.

Saint Germain teilte mir mit: "Der geistige Weg ist dein Weg, der Weg in die Meisterschaft. Lass dich davon nicht durch äußere Aktivitäten abhalten!"

Weiterhin sagte er zu mir: "Dass dich der Zauberer Merlin so fasziniert, kommt daher, weil er Dinge tun kann, die du gern wieder können möchtest. Es erinnert dich an die Zeit, wo du selbst zaubern konntest. Als ich Merlin war, sind wir uns auch begegnet. Wir gingen Hand in Hand. Wir waren in tiefer Freundschaft und durch gegenseitige Achtung miteinander verbunden."

Ich spürte eine starke Energie in mir. Da fügte Saint Germain noch hinzu:

"Wir waren sehr vertraut miteinander wie Bruder und Schwester, wie Lehrer und Schülerin. Es war auf der Erde. Mit der Zeit warst du mir ebenbürtig. Wir haben gemeinsam gelehrt. Lass es erst mal ruhen."

Diese Informationen berührten mich sehr.

Meine ICH-BIN-Gegenwart nehme ich als strahlendes, weiß-goldenes Licht wahr. Ich bitte gern darum, dass sie mich erfüllt und einhüllt, damit ich ihre Liebe, Heilkraft und ihren Frieden zum Ausdruck bringe in der Welt.

Ich erkenne immer mehr: "ICH BIN die Quelle alles Guten."

Die Worte „**ICH BIN**" setzen die Energie unseres Göttlichen Selbstes in Tätigkeit!

ICH BIN liebevolles, heilendes Licht.

Die aufgestiegenen Meister Jesus Christus und Saint Germain sind mit mir und mit vielen anderen. Nimmst auch Du deren Gegenwart wahr, liebe Leserin, lieber Leser? Oder andere der aufgestiegenen Meisterinnen und Meister, die Dich zusätzlich zu Deinem Schutzengel, Geistführer und Deiner ICH-BIN-Gegenwart auf Deinem Weg in die spirituelle Meisterschaft führen und leiten?

Mein Mann und ich sind tatsächlich in Höhr-Grenzhausen im Westerwald gewesen, nahe Koblenz – wie Saint Germain mir prophezeit hatte. Dort befindet sich eine Pyramide, die der am 14.12.2004 verstorbene Lichtbildner, spirituelle Lehrer und Heiler Hanns-Joachim Starczewski 1984 im Auftrag von Saint Germain errichten ließ. Sie ist maßstabsgetreu 1/20tel der Cheopspyramide. Der Innenraum mit seiner hohen Energie lädt zum Meditieren und Beten ein.

Als mein Mann und ich in der Pyramide meditierten, spürte ich intensiv die Gegenwart von Saint Germain. Vor Rührung stiegen mir Tränen in die Augen. Die Nähe zu Saint Germain und Jesus Christus war deutlich für mich spürbar, auch das Gefühl, gut aufgehoben zu sein in der Welt, wo ich auch bin – und das heißt überall!

Eines Nachts träumte ich von einem Freund, der immer an meiner Seite ist, egal, was ich tue und unternehme – ob ich selbst Auto fahre, im Theater bin, einkaufe, putze, mich mit anderen treffe, spazieren gehe, ins Kino gehe, als spirituelle Lehrerin wirke ...

Dieser Freund ist **immer** an meiner Seite, hilft mir und beschützt mich.

Ja, zusätzlich zu meinem Göttlichen Selbst, der ICH-BIN-Gegenwart, ist stets mein engelhafter Geistführer Emanuel an meiner Seite, ganz speziell für mich!

So gibt es auch für Dich, liebe Leserin, lieber Leser, einen Schutzengel und Geistführer, der jederzeit mit Dir ist! Kennst Du ihn oder beide schon?

Wenn noch nicht, bitte darum, dass Deine Verbindung zur ICH-BIN-Gegenwart und zu Deinem geistigen Team ganz klar durchkommt. Bitte und danke schon jetzt für die Erfüllung Deiner Bitte im Einklang mit der göttlichen Ordnung!

Dies ist auch mein Wunsch für Dich. Es geschieht so, wie wir am besten damit umgehen können. Mit Geduld gelingt alles besser.

Trotzdem kann sich diese tiefe Verbundenheit mit der geistigen Welt im Alltag verflüchtigen. Nehmen wir uns vor, dass wir uns immer wieder daran erinnern, dass liebevolle Lehrerinnen und Lehrer aus der geistigen Welt nahe bei uns sind, wenn wir uns darauf einlassen können. Sie um Hilfe zu bitten reicht, um ihnen die Erlaubnis zu geben, uns zu unterstützen. Sie achten unseren freien Willen und den göttlichen Plan für unser Leben.

Mir ist bewusst geworden, dass es sehr bedeutsam ist, positiv zu denken, am besten immer – und wenn ich mal negativ gestimmt bin, ist es wichtig, dass ich mich dabei ertappe und sofort wieder umschalte auf konstruktives Denken.

Stimmungsschwankungen haben größere Auswirkungen auf uns, je stärker wir mit der göttlichen Kraft verbunden sind.

Also immer wieder ICH-BIN-Sätze ins Gedächtnis rufen! Umschalten! Das wirkt! Es tut uns gut und bewirkt die schnellere Wandlung unserer Stimmungen zum Besseren, als wir uns jetzt vorstellen können. Es liegt an uns selbst, was wir fühlen. Wir können keinen äußeren Einflüssen mehr Vorwürfe machen.

In diesem Zusammenhang fällt mir eine Begebenheit ein, die ich auf der Rückfahrt von Höhr-Grenzhausen im Zug erlebt hatte – etwas zum Schmunzeln. Während der Zugfahrt dachte ich: 'Wie schön, im Zug gibt es keine Insekten. Die kommen da nicht rein, höchstens beim Ein- und Aussteigen könnte es geschehen.'

Kurze Zeit später flog mir eine fliegende Ameise auf die Hand! So etwas hatte ich vorher in einem Zug noch nicht erlebt!

Das sollte mir eine Lehre sein, wie schnell sich meine Gedanken bereits manifestieren.

Eines Tages fragte ich mich, ob es in Ordnung ist, wenn ich mir Saint Germain als meine ICH-BIN-Gegenwart vorstelle. Trägt er in sich das Bild meiner Vollendung?

"Ja, ich trage in mir das Bild deiner Vollendung, doch ich bin dein Lehrer, der Meister, der dich führt. Ich bin nicht deine ICH-BIN-Gegenwart, aber in der ICH-BIN-Gegenwart sind wir Eins."

Saint Germain erklärte mir, als ich ihn bat, mir zu helfen, meine Wünsche so zu formulieren, wie es im göttlichen Sinne ist:

"Deine Herzenswünsche sind auch meine Wünsche für dich. Ich helfe dir gern bei der Erfüllung deiner Wünsche. Ich habe nicht nur im spirituellen Themenbereich Erfahrung, sondern auch im Umgang mit dem materiellen Leben."

Er teilte mir weiterhin mit, dass er jeden meiner Gedanken und Wünsche kennt. Ich könne nichts vor ihm geheim halten. Wäre es da nicht schön, wenn er mir auf allen Ebenen helfen dürfte? Körperlich, seelisch, geistig und im irdischen Leben?

Ja, natürlich! Ich freue mich darüber, Saint Germain, dass du mir in allen Lebensbereichen helfen möchtest! Das finde ich klasse, sogar spitze!
Danke!

Es geht für uns alle darum, uns bewusst zu bleiben, dass Meister Jesus Christus, Meister Saint Germain und andere aufgestiegene Meisterinnen und Meister die volle Kraft, Weisheit und bedingungslose Liebe Gottes verkörpern und zum Ausdruck bringen – so wie unsere ICH-BIN-Gegenwart auch die volle Kraft, Weisheit und bedingungslose Liebe Gottes durch unser irdisches Sein zum Ausdruck bringen kann – in dem Maße, wie offen und bereit wir dafür sind durch den Stand unserer spirituellen Entwicklung.

Innerhalb der 3. ICH-BIN-Rede vom 10. Oktober 1932 übermittelt Saint Germain:

„Der Schüler sei ermahnt, nie zu vergessen, jederzeit auf sein eigenes GOTTSELBST zu blicken!!!, es ist der Schöpfer seines ICHs!
Es gibt nur einen Gott, die Eine Gegenwart und ihr allmächtiges Schaffen! Wer in seiner Entwicklung weiter fortgeschritten ist, ist einfach ein größerer Teil des GOTT-SELBST in TÄTIGKEIT! Wer dieses erkennt, wird verstehen, warum er fühlen

kann: „**ICH BIN** hier und **ICH BIN** dort", denn es gibt nur **EIN GOTT-SELBST**, überall!

Kann der Schüler dereinst erfassen, dass AUF-GESTIEGENE MEISTER nichts sind als sein eigenes Bewusstsein auf höherer Entwicklungsstufe, dann wird er zu spüren beginnen, was für unbestreitbare Möglichkeiten ihm offen stehen. Ob er nun zur GOTTHEIT selber spricht oder zu einem aufgestiegenen Meister des Lichtes oder zu seinem eigenen GOTT-SELBST, das ist in Wirklichkeit kein Unterschied, denn sie alle sind E I N S !"

Wir können also Meister Saint Germain, Jesus Christus, Mutter Maria oder andere aufgestiegene Meister und Meisterinnen anrufen, bis wir unsere eigene ICH-BIN-Gegenwart – unser eigenes Göttliches Selbst – deutlich kennengelernt haben.

Sie alle bringen ihre ICH-BIN-Gegenwart vollkommen durch ihr Leben und Wirken zum Ausdruck, da sie die spirituelle Meisterschaft, die vollkommene Einheit mit dem allumfassenden Göttlichen Geist, bereits verwirklicht haben.

Danke, Gott-Vater-Mutter - allumfassendes göttliches Selbst - und meine geliebte ICH-BIN-Gegenwart, für diese Bewusstwerdungen!

Als ich während einer Meditation in meiner Vorstellung zu einer Kapelle reiste, entdeckte ich vor dem Eingang Meister Saint Germain. Wir begrüßten uns und gingen gemeinsam in die Kapelle hinein. Dabei ging Saint Germain an meiner rechten Seite, und erstaunt nahm ich wahr, dass Jesus Christus an meiner linken Seite ging. Ich fühlte mich wohl und geborgen. Saint Germain sagte mir, er wird mir meine Augen öffnen für die Schönheit, die ICH BIN, für das Licht und die Liebe, die ICH BIN.

Danke für die zunehmende Klarheit und Wahrheit in meinem Leben, für das zunehmende Licht und die zunehmende Liebeskraft!

Bleibe Dir bewusst, liebe Leserin, lieber Leser, dass wir das in unser Leben ziehen, wofür wir im Voraus danken.

So wie eine Kerzenflamme immer vollständig, vollkommen ist, ganz gleich, wie viele Kerzen an einer Flamme entzündet werden, so ist auch unsere ICH-BIN-Gegenwart ein vollständiger, vollkommener Ausdruck Gottes, der allumfassenden göttlichen Seele.

Wie sagte Jesus Christus: „ICH BIN der Weg, die Wahrheit und das Leben. Niemand kommt zum Vater, denn durch mich."

Wird seine Aussage nicht noch verständlicher, wenn uns bewusst ist, dass er mit den Worten „ICH BIN" das Göttliche Selbst gemeint hat, mit dem er damals bereits vollkommen Eins war und mit dem auch wir bewusst Eins werden sollen? Jesus Christus wollte sicher nicht angebetet werden, sondern seinen Mitmenschen ein Beispiel dafür geben, wie dies gelebt werden kann. Er wollte uns lehren, uns unserem eigenen Göttlichen Selbst – der ICH BIN-Gegenwart – hinzugeben und es durch uns wirken zu lassen, damit wir uns dadurch für die Einheit mit dem all-umfassenden Göttlichen Geist (Gott-Vater-Mutter) bereit-machen.

Ist Dir dies bereits bewusst, liebe Leserin, lieber Leser? Wie fühlt sich diese Aussage für Dich an?

Als ich wieder mal innerhalb einer Meditation losgelöst vom irdischen Körper war, nahm Saint Germain meine Hand. Gemeinsam tanzten wir einen Wiener Walzer. In-nerer Frieden erfüllte mich, Harmonie, Vertrautheit.

Ich fragte Saint Germain, wie ich mir vorstellen kann, dass ich von Gott geliebt bin, so wie ich bin. Er riet mir, meine Erwartungen an mich nicht so hoch zu schrauben und es als Wahrheit anzunehmen, dass ich geliebt bin, so wie ich bin. Gottes Liebe brauche ich mir nicht durch Leistung zu erarbeiten. Sie ist immer für mich da! Immer!

Danke, Meister Saint Germain, dass du mir dabei hilfst zu spüren, dass ich wertvoll und geliebt bin, so wie ich bin – dass ich spüre, dass ich mir Gottes Liebe nicht erar-beiten muss, sondern dass sie immer für mich da ist, so wie deine Liebe immer für mich da ist!

Nimm dies auch für Dich selbst an, liebe Leserin, lieber Leser. Auch Du bist wertvoll und geliebt, so wie Du bist! Das kann Dir keiner nehmen – nur Du selbst. Glaube an

Dich! Erkenne Deinen Wert! Du bist einzigartig und geliebt, immer! Bleibe Dir dessen bewusst und empfinde dies öfter, bis es zu Deinem grundlegenden Lebensgefühl geworden ist. Das hilft Dir, Deinen Lebensweg mit all seinen Herausforderungen vertrauensvoll zu meistern.

Die ICH BIN-Gegenwart wirkt wie ein unerschöpflicher, sprudelnder Springbrunnen des Reichtums und versorgt uns mit allem Guten, wenn wir offen dafür sind:

Liebe, Glück, Gesundheit, Heilsein, Erfüllung, Anerkennung, Tatkraft, gute Ideen, Beachtung, reichlich Geld zur freien Verfügung, Freunde, Erfolg, Nahrung, ein behagliches, friedvolles Zuhause ...

Dieser ewig reiche, unerschöpfliche Springbrunnen in uns versorgt uns mit allem, was wir brauchen und uns wünschen, reichlich und beständig, je mehr wir uns auf unsere wahre Natur, unser göttliches Sein, einlassen können und uns von Grund auf als so wertvoll empfinden, alles Gute immer wieder reichlich empfangen zu dürfen. Dadurch nehmen wir niemandem etwas weg, denn für uns alle ist immer reichlich vorhanden. Es liegt an uns selbst, wie viel wir empfangen aufgrund unserer Vorstellungen und Glaubensmuster, auch der unbewussten.

Erlaubst Du Dir, reich gesegnet zu sein in allen Lebensbereichen?
Fühlst Du Dich wert, reichlich Gutes zu empfangen?

In persönlicher Form können wir uns die göttliche, universelle, bedingungslose Liebesenergie, in der und durch die wir leben, auch wie einen wunderbar herzlichen Vater oder wie eine wunderbar herzliche Mutter vorstellen:

Gott-Vater-Mutter lässt uns fühlen, wie wertvoll wir für ihn sind – so als ob Du oder ich sein einziges Kind wären. Doch wir wissen, wir haben viele Geschwister, und auch sie liebt er alle gleich stark. So ist jeder von uns immer reich gesegnet und geliebt. Dadurch gibt es keine Eifersucht. Unser Vater-Mutter-Gott vermittelt uns, dass jeder von uns eine ganz besondere, einzigartige Seele ist mit einzigartigen Fähigkeiten, und er hilft jedem von uns, unsere Vorzüge zu erkennen und sie zu stärken. Wir spüren, dass jeder von uns etwas Besonderes für ihn ist. „Die oder der Beste zu sein", das gibt es für uns Gotteskinder nicht. Jeder von uns ist auf ihre bzw. seine Art spitze.

Ist das nicht wunderbar? So helfen wir uns auch gern gegenseitig auf unseren unterschiedlichen Wegen zu unserer höchsten Vollkommenheit.

Konkurrenzkampf gibt es dabei nicht. Ein von Herzen aufrichtiges Miteinander und Füreinander-da-sein ist das oberste Gebot.

Wir wissen, dass unser Vater-Mutter-Gott uns dann am besten helfen kann, wenn wir unsere Mitmenschen achten. Wir spüren, dass ein Jeder gleich wertvoll ist, wo er auch steht vom Bewusstsein her. Für unseren Vater-Mutter-Gott sind alle Menschen seine Kinder. Alle sind Königskinder! Nur einige wissen davon, andere noch nicht. Doch je mehr davon wissen, wie wertvoll und geliebt sie sind, umso schöner und friedvoller wird unsere Welt. Und unser Vater-Mutter-Gott, der König des gesamten Universums, hilft uns voller Freude und liebevoll dabei. Einfach klasse!

Wir sind alle geliebte Kinder des höchsten Königs
- des für alle Zeiten fähigsten, mächtigsten,
liebevollsten, weisesten, reichsten Königs,
der uns zugleich Vater und Mutter ist!

Das kann uns keiner nehmen – nur wir selbst. Doch wir können uns wieder erinnern, wer wir sind und uns dadurch bewusst an den göttlichen Strom anschließen. Meditationen, Aufenthalte in der Natur und erhebende Musik können dabei sehr unterstützend sein.

Genieße es, Dich für diesen allumfassenden bedingungslosen Liebesstrom zu öffnen, und lasse Dich von ihm durchströmen und erfüllen! Er ist überall um Dich herum und in Dir, wo Du auch bist!

In einer meiner Mitternachtsmeditationen am Heiligen Abend bedankte ich mich bei meinem geistigen Team und bat um weitere klare und deutliche Führung für das kommende Jahr. Mein Wunsch war es, dass ich so umfassend wie mir möglich zur spirituellen Bewusstseinsentwicklung der Menschheit beitrage und zum liebevollen

Miteinander und Füreinander-da-sein. Dafür bat ich ebenfalls um Führung.

Jesus Christus antwortete mir:
„Es liegt in deiner Hand. Gebrauche deine Macht weise. Es geht um deine Vorstellungskraft, deine Gedanken und Gefühle. Du bist die Königin deiner Welt. Regiere weise über dein Volk: deinen Körper, deine Gedanken, Gefühle, Vorstellungen. Gestalte deine Welt, dein Leben, in dem Bewusstsein, dass du die Königin deines eigenen Reiches bist, das so weit reicht, wie deine Gedanken reichen. Durch das vereinte Energiefeld hast Du weltweiten Einfluss so wie jeder andere auch. Erkenne dies als Wahrheit an.

Das ist mein Geschenk an dich von Bruder zu Schwester, doch ich bin auch dein Lehrer. Ich bin Jesus Christus. Vertraue! Habe Mut, alles ist gut!"

Danke für diese mich berührende, wegweisende Botschaft und Bewusstwerdung!

Liebe Leserin, lieber Leser, fühle in Dich hinein. Kannst Du dies auch bereits für Dich selbst und Dein Leben als Wahrheit annehmen, die Königin bzw. der König zu sein für Dein Leben durch Dein Verbundensein mit Deinem Göttlichen Selbst, Deiner ICH BIN-Gegenwart?

Dieses Bewusstsein kann Dir dabei helfen, vertrauensvoll Verantwortung für Dein Leben zu übernehmen und es weise zu gestalten. Es fängt bei den Gedanken, Gefühlen und Vorstellungen an.

Diese Botschaft erhielt ich noch zusätzlich von meinem Göttlichen Selbst, meiner ICH BIN-Gegenwart:
„ICH BIN immer mit dir, in dir!
ICH BIN dein Vater,
dein Freund und Berater,
dein Lehrer und Führer,
alles, was du brauchst.
ICH kann in verschiedener Gestalt erscheinen,
denn ICH BIN alles, was ist.
ICH liebe dich und bin immer da für dich!"

Nochmals zur Verdeutlichung: Die Worte „ICH BIN" beziehen sich auf unser Göttliches Selbst und bringen es in Aktion, so dass es durch unser menschliches Sein wirken kann:

„ICH BIN Gott in Tätigkeit. ICH BIN die Quelle der Liebe, Freude, Heilung, des Heilseins und Glücks."

Bleiben wir auf unser Göttliches Selbst, die ICH BIN-Gegenwart, eingestimmt, begegnen uns auch in der Außenwelt viel Liebe, Freude, Segnungen jeglicher Art. Und den Menschen, denen wir begegnen und denen es nicht gut geht, können wir durch unser Verbundensein mit unserer ICH BIN-Gegenwart und der daraus unerschöpflich fließenden Liebe und Heilkraft wirksam helfen. Wir haben mehr als genug davon, denn die Quelle in uns ist wahrhaft bis in alle Ewigkeit unerschöpflich! Wir können immer wieder voll aus ihr schöpfen und davon abgeben und sind selbst trotzdem immer erfüllt mit Liebe, Freude,

Energie, Glücksempfinden und bewahren und stärken dadurch unsere Gesundheit und unser Heilsein.

„Ich gebe voller Freude aus der unerschöpflichen, ewigen Fülle alles Guten, aus der unerschöpflichen, reichen Quelle, die ICH BIN!"

„ICH BIN die unerschöpfliche, reiche Quelle alles Guten in meiner Welt."

„ICH BIN die Benutzung von Gottes unbegrenztem Reichtum."

„ICH BIN Liebe, Freude und Heilkraft und bringe Liebe, Freude und Heil, wo ICH auch BIN!"

„ICH BIN LIEBE,
ein unerschöpflicher Springbrunnen der Liebe. Sie strahlt von mir aus, wo ich auch bin und meine göttliche ICH BIN-Gegenwart durch mich wirken lasse."

„ICH BIN der unerschöpfliche Reichtum Gottes, der durch mich in meiner Welt zum Ausdruck kommt. Es ist alles gut!"

Saint Germain teilte mir auf telepathischem Wege mit:

„Das göttliche Gebot lautet: Liebe! Liebe so viel und so stark du willst. Verschenke deine Liebe, wo du auch bist und mit wem du auch zusammen bist. Du bist immer erfüllt von Liebe, denn unser Vater Gott erfüllt dich immer mit seiner Liebe!"

Ja, ich spüre es!

„Ich bin wie eine Blume, an der Tausende riechen können,
und ich blühe und dufte immer noch wunderbar!"
(Verfasser unbekannt)
Das ist mein Ziel.

„ICH BIN ein unerschöpflicher Springbrunnen der Liebe!
ICH BIN die Quelle alles Guten in meiner Welt!"

„ICH BIN ein strahlender Stern der allumfassenden Liebe und des Friedens."

Saint Germain sagte mir, dass es wichtig ist, dass wir uns dies immer wieder vorstellen und lernen, es deutlich zu fühlen.

„ICH BIN immerdar die erhabene Kraft reiner Liebe, die jede menschliche Vorstellung übersteigt und die mir das Tor zum Licht, in meinem Herzen, öffnet!"
(Jesus Christus In der 27. ICH BIN-Rede vom 25.12.1933)

Erinnere Dich, dass unser Göttliches Selbst Zugang zu allen Eigenschaften und Fähigkeiten Gottes hat. Wie Elizabeth Claire Prophet sinngemäß erklärt:

„Gott hat jedem von uns eine Kopie von sich in unser Herz gegeben – doch nicht nur eine Kopie – sie besitzt alle Qualitäten des Originals." (ausführlich: S. 15 bis 17, Buch von Elizabeth Claire Prophet „Die Kraft deines höheren Selbst")

Am folgenden Tag nahm ich wieder Meister Saint Germain in der Meditation deutlich wahr. Er stand vor mir in einigem Abstand und wies mit seinem rechten Arm auf mich. Er sandte mir kraftvolle Energie in mein Herzchakra. Dabei fühlte es sich für mich so an, als ob er es reinigte und heilte, denn er bewegte seine Hand kreisförmig vor meinem Herzchakra.

Während Saint Germain dies tat, bat ich die mächtige verzehrende Flamme – die Violette Flamme – um Reinigung von überholten Mustern:

„ICH BIN die mächtige verzehrende Flamme, die jetzt alle vergangenen und heutigen Irrtümer, ihre Ursache und ihre Wirkung und alles unerwünschte Erschaffene, für das mein äußeres Selbst verantwortlich ist, aufzehrt."
(Saint Germain in der 4. ICH BIN-Rede vom 13.10.1932)

Dankbar erlebte ich die Harmonisierung und Energieanhebung.

Probiere es selbst aus, liebe Leserin, lieber Leser! Es wirkt auch für Dich, wenn Du die Violette Flamme der Transformation darum bittest, Dich von überholten Mustern zu befreien.

Üben wir uns auch darin:

„Ich lasse die göttliche Quelle der Liebe in mir frei fließen, damit sie mich immer ganz mit Liebe erfüllt und Liebe beständig von mir ausstrahlt."
„ICH BIN Liebe."

„ICH BIN die Quelle und der Strom der Liebe in mir!"

„ICH BIN Liebe und strahle Liebe aus in mein Leben und meine Umwelt aus der ewig sprudelnden Quelle der Liebe und alles anderen Guten in mir: Liebe, Frieden, Heilkraft, Substanz für alles, was ich manifestieren möchte."

Ich bat Saint Germain, mir nochmals wie gestern zu helfen, doch er sagte:
„Das kannst du auch. Stelle dir vor, dass dein Herzchakra frei schwingen kann."

Seinen Rat setzte ich sofort in die Tat um und stellte erstaunt fest, wie gut es funktionierte. Dabei dachte ich zusätzlich:

„Ich erlaube allen meinen Chakren, frei zu schwingen im harmonischen Gleichgewicht!"

(Chakren: Energiezentren in unserem feinstofflichen Körper, die unseren physischen Körper mit Energie versorgen)

„ICH BIN nicht nur Erbin der Reichtümer Gottes, ICH BIN der ewige Reichtum Gottes, die alles umfassende Liebe Gottes, die volle Kraft Gottes!"

„ICH BIN das strahlende Licht Gottes, die volle Heilkraft und Manifestationskraft Gottes!"

„ICH BIN die Quelle alles Guten in meiner Welt!"

Es ist wichtig, dass wir in Kontakt kommen und bleiben mit der bis in alle Ewigkeit unerschöpflichen, reichen, göttlichen Quelle. Alles manifestiert sich aus dieser kosmischen Energie im Sinne unserer Gedanken, Gefühle und Vorstellungen.

Die Worte „ICH BIN" setzen unser Göttliches Selbst in Tätigkeit. Durch unser menschliches Sein bringen wir es auf Erden zum Ausdruck in dem Sinne, was wir nach diesen Worten sprechen oder denken:

innerer Frieden, Liebe, Heilsein, Gesundheit, materielle Dinge, gesicherte Finanzen, Freude am Handeln, Glück, Zufriedenheit, Freundinnen, Freunde, Geduld ...

„Die mächtige ICH BIN-GEGENWART ist die alleinige herrschende und immer sieghafte Gegenwart, die in meinem Leben, in meiner Welt, in meinem Heim, in meinen Angelegenheiten Frieden, Liebe und Harmonie gebietet."

Saint Germain erklärt dazu in den ICH BIN-Reden, dass diese Bekräftigung einen wunderbaren Schutz und Segen für unser Leben aufbaut, wenn wir sie täglich erneuern.

„ICH BIN die ewig reiche Quelle all dessen, was ich mir wünsche und was ich brauche. Ich kann immer frei darüber verfügen, so wie ich es möchte. Dieses Geschenk nutze ich weise zum Wohl des Ganzen."

„ICH BIN ein strahlender, leuchtender Stern der Liebe und des Friedens, des Heils und Segens, des beglückenden Reichtums aller Art."

„ICH BIN das, was ich mir wünsche und was ich brauche und manifestiere es sogleich!"

Am wirksamsten ist es, das Gewünschte bereits als verwirklicht zu fühlen, dann kann es sich auf Erden durch unser menschliches Sein manifestieren. Lasst uns dabei bekräftigen, dass es so geschieht, wie es im Einklang mit der göttlichen Ordnung zum Wohle des Ganzen erlaubt ist!

Saint Germain lehrt in den ICH-BIN-Reden:

"Die Benutzung der ICH-BIN-Gegenwart ist die höchste Tätigkeit, die es geben kann!"

Bleiben wir uns bewusst, dass unsere Meditationen nicht nur uns selbst zugute kommen, sondern auch unseren Mitmenschen und der ganzen Menschheit.

Durch Meditationen zu lernen, unseren inneren Frieden zu bewahren inmitten des Alltags und im Kontakt mit unserem Göttlichen Selbst – der ICH-BIN-Gegenwart – auf Erden zu wirken, ist unser täglicher Dienst an der Menschheit. Es hat Wirkung, ob wir es wahrnehmen oder nicht.

Durch unser friedvolles Sein und Wirken auf Erden stärken wir den Frieden in der Welt. Danke, Gott-Vater-Mutter, liebe Engel Gottes, liebevolle geistige Wesen und Mitmenschen für Eure Unterstützung dabei!

„ICH BIN der ruhende Pol in der Nachbarschaft.‟

Wenn wir viel im Außen tun, ohne auf die innere Rückbindung zu achten, wäre der ruhende Pol dahin. Doch mit der Zeit gelingt es leichter, dieser ruhende Pol zu sein inmitten all der Aufgaben, die wir zu erledigen haben.

Auch Du, liebe Leserin, lieber Leser, kannst dieser ruhende Pol sein und dadurch zum Frieden in der Welt beitragen – indem Du auf Deine Art und Weise Deinen inneren Frieden bewahrst und mehr und mehr aus Deinem Göttlichen Selbst heraus auf Erden lebst und handelst.

Voller Vertrauen können wir uns dem liebevollen Licht öffnen. Gott-Vater-Mutter ist mit uns. Er liebt uns und weist uns liebevoll den Weg. Das Licht bringt Klarheit, Offenheit, Glückseligkeit, tiefe, wahre Freude durch unser Wissen, dass Gott uns so annimmt, wie wir sind. Wir brauchen nicht perfekt zu sein, bevor wir uns an ihn wenden können. Im Hier und Jetzt ist der richtige Zeitpunkt für die tägliche Verbindung mit Gott und für unser Wirken aus unserem Göttlichen Selbst heraus, aus der reichen Quelle in uns, die unerschöpflich und ewig da ist.

Falls Zweifel auftauchen sollten, lerne wieder umzuschalten ins Vertrauen. Das folgende Gebet hilft mir selbst sehr gut dabei:

„Gott-Vater-Mutter, ich bitte Dich im Namen von Jesus Christus, dass meine unberechtigten Zweifel aufgelöst werden in der Silber-Violetten Flamme der Gnade und Transformation, damit mir die darin bisher gebundene Energie wieder als Handlungskraft zur Verfügung steht. Danke für die Erfüllung meiner Bitte!"

In einer Meditation erlebte ich, dass mein Geistfreund Nigel und ich nebeneinander auf einem Berggipfel saßen. Wir sahen in ein Tal hinab und zum Horizont. Es war eine friedvolle Atmosphäre. Viel Vertrauen und Ruhe spürte ich in mir und genoss es. Die Sonne schien. Alles war in ihr warmes, goldenes Licht getaucht. Auch das nahm ich deutlich wahr. Ich sah und fühlte es. Ruhe..., Frieden... in mir. Ich lehnte mich an Nigels Rücken an und entspannte mich noch tiefer.

Möge etwas von diesem inneren Frieden in Dich einströmen, liebe Leserin, lieber Leser!

Nach einer Weile sprach er zu mir:
"Komm, es ist alles gut. Sei bereit, vorwärts zu gehen."
Dieses Erleben war so echt, als ob ich wirklich mit ihm zusammen war. Noch jetzt, während ich dies schreibe, spüre ich die vibrierende, stärkende Energie in mir. Ich fühle mich geborgen, beschützt, geführt, voller Vertrauen, meinen Weg zu gehen.
Nigel und ich gingen gemeinsam zum Altar, wo Meister Saint Germain auf uns wartete. Er sagte zu mir, dass ich alles Vergangene hinter mir lassen soll, um mich für das Neue zu öffnen.
"Wie mache ich das?", fragte ich ihn.
Da zeigte er mir das Licht. Ich soll mich auf das Licht konzentrieren, und alles ist gut - mich auf Gott konzentrieren, der die einzige, beständig liebevolle Macht im Universum ist, immer sieghaft ist und das Beste für mich im Sinn hat.

Ich war bereit.

Saint Germain war zufrieden und begab sich an einen anderen Ort. So war ich wieder mit Nigel allein. Er fragte mich, was ich an ihm so mag. Ich sagte: "Ich mag deine Ausstrahlung. Ich fühle mich dir seelisch so verbunden. Du bist mir so nah."

"Ich bin dir auch nah. Ich bin dein Geistlehrer! Uns verbindet viel. Schließlich waren wir mehrmals vereint als Vater und Tochter, als Mann und Frau, und Geschwister waren wir auch. Wir sind ein Team. Wir haben uns geholfen durch die Jahrhunderte hindurch."

Während er mir dies mitteilte, durchfloss mich starke Energie, und ich fühlte mich im Herzen berührt.

Nigel fügte noch hinzu: „Unsere Liebe und Achtung füreinander verbindet uns. Ich bin dir nah. Ich halte ein Auge auf dich, wie ich dir bereits gesagt habe. Für mich bist du immer noch meine Tochter, aber auch eine wundervolle Frau, die ich gern kennenlernen würde."

Nigel lebt ebenso wie ich auf dem Planeten Erde, doch wir sind uns bisher noch nicht begegnet. Wir stehen durch unsere seelische Verbundenheit miteinander in Kontakt.

Mein Geistfreund Nigel war heute wirklich sehr mitteilsam, denn er fügte hinzu:

„Die Freude im Leben sollte nicht zu kurz kommen! Sie ist wichtig für unser Lebensglück. Ich habe mir all die Jahre immer meinen Humor bewahrt, auch in schweren Zeiten. Das wünsche ich auch dir. Du kannst es, ich weiß es. Du bist so wunderbar geführt in dieser Welt. Habe Mut, deinen Weg in Liebe weiterzugehen. Du schaffst es, da bin ich mir ganz sicher. Du hast noch viel mehr Fähigkeiten in dir, als du jetzt erkennst. Denk daran, du warst auch mal **meine** Tochter! Mein Potenzial ist auch in dir und noch viel mehr. Gott wirkt durch dich auf seine ganz besondere Art. Das tut er durch jeden Menschen, der ihn lässt, und du lässt ihn. Doch lasse ihn noch mehr durch dich wirken! Gebe dich ihm ganz hin!"

Saint Germain erklärte mir eines Tages:
„Die Selbstvergebung ist ein wichtiger Schritt zur Befreiung, das hast du ja selbst erfahren."

Ja, allerdings, das konnte ich bestätigen.!

„Die Vergebung anderer nützt immer nur so viel, wie wir uns selbst vergeben können, was wir Unrechtes getan haben. Dann sind wir frei, zumindest säen wir dann keine weiteren dunklen Wolken mehr in unser Leben durch unsere Gedanken und Gefühle. Die alten dunklen Wolken kommen noch auf uns zu, doch je mehr wir positive Gedanken und Gefühle aussenden auf uns und unser Leben, desto mehr lösen sie sich auf, so wie manche Wolken von der Sonne aufgelöst werden. Klar?"

Ja! Es gibt also Wolken, die uns trotzdem noch treffen können, auch wenn wir uns schon selbst vergeben haben und eine Handlung bereut haben. Weil die Wolken einfach schon zu dunkel und schwer sind, können sie nicht mehr vollständig aufgelöst werden. Das ist dann das scheinbare Schicksal, das uns trifft, kann ich das so verstehen?

„Ja, auch das haben wir selbst inszeniert, sei es in diesem oder in einem anderen Leben. Deshalb ist der Einsatz der Violetten Flamme so wichtig, die so manche dunkle Wolke auflösen kann. Beharrlichkeit führt zum Erfolg. Es geht Schritt für Schritt. Auch je mehr wir uns mit dem Licht und der Liebe Gottes erfüllen, umso mehr dunkle und weniger dunkle Wolken werden aufgelöst oder besser gesagt, wieder transformiert in ursprüngliche, kosmische neutrale Energie, die nach der Transformation als Stärkung zufließt – so wie du es auch zur Zeit spürst, diesen Energiezuwachs. Ja, er kommt daher, weil sich durch dein konsequentes positives Denken und Fühlen Negatives in dir transformiert hat in reine Energie. So steht sie dir als stärkende Energie zur Verfügung. Und nun ist es wichtig, weiterhin konstruktive Gedanken zu haben, denn damit magnetisierst du diese dir zufließende Energie positiv. Sie bringt dann viel Gutes und Schönes in dein Leben. Würdest du dir sorgenvolle Gedanken machen, würde genau das Gegenteil geschehen. Du ziehst dich wieder herunter. Also bleibe auf deinem wundervollen Weg, den du jetzt eingeschlagen hast. Er bringt dich zur höchsten Erfüllung deines Lebens. Vertraue! Alles Gute!"

Danke für diese ausführliche Botschaft, lieber Meister und Bruder Saint Germain!

Nun wollte ich mich in die mir vertraute Kapelle begeben, doch Saint Germain stand vor dem Eingang. Er übermittelte mir telepathisch, dass er mich ins Licht führen wollte. Augenblicklich sah ich das Licht deutlich vor mir, und gleich darauf befand ich mich zusammen mit Saint Germain in diesem wunderbaren Licht.

Er empfahl mir, mich ab jetzt täglich darauf einzustimmen mit Hilfe der von ihm übermittelten Meditationsübung, die Godfré Ray King in „Enthüllte Geheimnisse" veröffentlicht hat. Sie geht wie folgt, liebe Leserin, lieber Leser:

1. Erfülle Dich mit dem weiß-goldenen Licht Deiner ICH-BIN-Gegenwart, Deinem göttlichen Selbst, und lasse Dich davon ganz einhüllen. Denke und fühle:

„ICH BIN der mächtige magische Schutzmantel um mich, der unüberwindlich ist und der jeden störenden Gedanken, jeden Missklang, der zu mir vordringen will, zurückweist." (Mit den Worten „ICH BIN" ist Dein göttliches Selbst gemeint!)

2. Stelle Dir in Deinem Brustraum eine goldene, wärmende Sonne vor, die Dich von innen her mit Liebe erfüllt, die bedingungslos immer für Dich da ist. Je mehr Du dies wahrnehmen kannst, umso mehr Liebe strahlt automatisch von Dir aus.

3. Gib Dich für einige Minuten ganz der beglückenden Fülle Deiner mächtigen ICH-BIN-Gegenwart, Deinem

Göttlichen Selbst/Christus-Selbst hin und verstärke den großen Glanz des liebevollen, goldenen Lichtes in jeder Zelle Deines Körpers. Genieße auch dies einige Minuten.

4. Beende die Meditation mit den Worten: „Ich bin ein Kind des liebevollen Lichtes. Ich lebe im Licht, ich diene dem Licht, ich liebe das Licht. Ich werde durch das liebevolle Licht geführt, beschützt, erleuchtet, versorgt, gestützt. Ich segne das liebevolle Licht."

Wie Meister Saint Germain mir geraten hatte, konzentrierte ich mich in der Meditation auf das Licht, auf die Liebe in mir, die mich erfüllt und von mir ausstrahlt, auf die Heilkraft in mir, die mich ebenfalls erfüllt und von mir ausstrahlt ...

... auf Gott **in** mir !

Liebe Leserin, lieber Leser, wenn wir uns auf die ewig unerschöpfliche, reiche Quelle alles Guten in uns konzentrieren, sind wir mit Gott verbunden, dem Schöpfer allen Seins, der uns großzügig mit allem versorgt, was wir brauchen. Lenke also Deine Aufmerksamkeit immer wieder auf das göttliche Sein **in** Dir - die ICH-BIN-Gegenwart. Sie ist ein vollkommenes Abbild von Allem-was-ist, ausgestattet mit allen Fähigkeiten und Ressourcen, die wir im Leben benötigen – und noch darüber hinaus. Gott hat uns sich selbst geschenkt, vollständig, jedem einzelnen! Jeder lebt und handelt durch diese göttliche Kraft, ob er sie weise nutzt oder nicht. Die Liebe Gottes ist bedingungslos, doch das Gesetz von Ursache und Wirkung, von Saat und Ernte, lehrt uns im Laufe von verschiedenen Leben, diese Kraft weise zu gebrauchen zum Wohl des Ganzen.

Meditationsgedanke:

„Die Quelle der Liebe, des Lichts und des Heils ist in mir, erfüllt mich ganz und strahlt von mir heilend und segnend aus."

In der Meditation sah ich mich in einem Boot zusammen mit meinem Geistführer und Schutzengel Emanuel. Er rollte ein helles Tau zusammen und sagte: „Das brauchen wir jetzt nicht mehr."
Dann griff er mich am Arm und schubste mich ins Wasser, das etwas trübe aussah. Ich tauchte unter, fühlte mich frei, jedoch bat ich die verzehrende Violette Flamme um Reinigung und Befreiung.

Nun befand ich mich mit dem Kopf über Wasser. Mit einem Mal sah ich meine flammende Aura, so als ob ich eine Sonne wäre. Alles wurde durchlichtet, erhellt, auch das Wasser.

Solche Reinigungs- und Strahlkraft besitze ich bereits, dessen soll ich mir bewusst bleiben und meinen Fähigkeiten vertrauen. Ich kann vorwärts gehen, ohne angetaut zu sein. Mein Verbunden sein mit meinem Göttlichen Selbst, meiner ICH-BIN-Gegenwart, ist stabil. Berührt nahm ich dies wahr.

In dem Moment, als ich meine flammende Aura bemerkte, sagte Emanuel gespielt erstaunt, denn er wusste ja, was geschehen würde, wenn er mich ins Wasser wirft:

„Was ist denn das? Du leuchtest ja wie eine Sonne!"

Vielen Dank für dieses Erlebnis, lieber Emanuel!

„Ich schaffe alles mit Leichtigkeit!"

Mit diesem Gedanken bin ich eines Morgens aufgewacht. Ein schönes Gefühl!

Gott wirkt durch uns in dem Sinne, was wir nach den Worten ICH BIN denken oder sprechen.

„ICH BIN die einzige, immer sieghafte liebevolle Macht, die alles schafft und
auch scheinbar Unmögliches möglich macht!"

„ICH BIN immerdar die erhabene Kraft reiner Liebe, die jede menschliche Vorstellung übersteigt und mir das Tor zum Licht - in meinem Herzen - öffnet."
(aus der 27. ICH-BIN-Rede, übermittelt von Jesus Christus am 24.12.1933)

Gott schickt uns immer Engel, die uns zur Seite stehen, auch Menschen. Wir sind immer geborgen in Gottes Welt und gut aufgehoben. Gott lässt uns niemals im Stich. Auf ihn können wir uns verlassen, denn er verlässt uns nie! Er ist der beste Partner, den wir haben. Er ist immer an unserer Seite, in welcher Gestalt auch immer. Gott beschützt und führt uns, sorgt für uns und liebt uns bedingungslos! Immer!

Liebe Leserin, lieber Leser, Du entscheidest selbst, ob Du diese Unterstützung annehmen möchtest oder nicht. Gott-Vater-Mutter achtet Deinen freien Willen!

„Mein ganzer Körper ist durchlichtet. ICH BIN Licht."

Gott wirkt durch unser Göttliches Selbst, die ICH BIN-Gegenwart, **immer** durch uns:
in jeder Situation, in jeder Handlung in unterschiedlich hohen Frequenzen, je nach Art unserer Gedanken, Gefühle und Handlungen!

Möge unser Ziel sein, stets zum höchsten Wohl des Ganzen im Einklang mit der göttlichen Ordnung zu wirken, indem wir unser Göttliches Selbst in seiner höchsten Form durch uns zum Ausdruck bringen!

„Ich bin (wie) eine Sonne, die ihr Licht immer leuchten lässt, was auch geschieht."

„Ich bin frei, meinen Weg zu gehen. Ich stehe auf eigenen Füßen und gehe sicher auf dem Weg, der mir vorbestimmt ist."

Spätabends hörte ich Sarah Brightman „I believe in miracles!" ("Ich glaube an Wunder") singen. Das tat mir gut, denn ich bemerkte eine melancholische Stimmung in mir. Die kam daher, weil ich im Fernsehen einen Bericht gesehen hatte, in dem über einen bevorstehenden Krieg gesprochen wurde. Nun fiel mir ein hilfreicher Satz aus den ICH BIN-Reden ein:

„ICH BIN die erhabene sieghafte Gegenwart, die alle amtlichen Stellen erfüllt."

Möge Besonnenheit regieren, möge die Große Weiße Bruderschaft hilfreich eingreifen können. Möge wahrhaft Frieden auf Erden sein! Möge alles einen guten Ausgang nehmen! Ich vertraue Gottes Führung und Schutz.

Mögen wir Menschen noch mehr zusammenstehen und erkennen, dass **wir alle** eine Familie sind. Lasst uns immer deutlicher erkennen und fühlen, dass wir uns im **inneren Frieden** zu halten haben, damit Frieden in der Außenwelt Bestand haben kann!

Es ist sehr wirksam, wenn wir positive Visionen von unserer Welt und vom Miteinander aller Völker entwickeln und diese Visionen mit konstruktiven Gefühlen aufladen, am besten täglich!

„ICH BIN Licht. ICH BIN Liebe. Ich lasse mein Licht leuchten und strahle Liebe aus, die größte Heilkraft, die es gibt!"

Ich bin voller Vertrauen in jeder Situation, denn Gott, die ICH BIN-Gegenwart, ist mein Partner, und ihm bzw. ihr gelingt alles. Ich bin unter Gottes Schutz und unter seiner Führung.

Saint Germain begann ich zu fragen: „Wie kann ich ... Ach ja, natürlich: Die Violette Flamme! Wie konnte ich das vergessen. Ich tu's sofort."

Ich wollte ihn fragen, was mir helfen würde, die Traurigkeit aufzulösen. Bevor ich meine Frage zu Ende stellen konnte, hatte Saint Germain mir schon geantwortet. Das freute mich sehr.

Nach Anwendung der Violetten Flamme konnte ich wieder Vertrauen in mir spüren. Um es noch mehr zu stärken und wieder Freude zu empfinden, nahm ich mein persönliches Wunderbuch zur Hand und las darin über meine Ziele, die mich begeistern. Das tat mir sehr gut, was ich erleichtert und dankbar zur Kenntnis nahm.

Ein **„Wunderbuch"** anzulegen mit Skizzen, Fotos und Beschreibungen Deiner eigenen Ziele kann ich Dir sehr empfehlen, liebe Leserin, lieber Leser! So ein Buch kann Dir dabei helfen, im Vertrauen zu bleiben, durchzuhalten, Dich wieder positiv einzustimmen, wenn etwas mal nicht so glatt laufen sollte oder Deine Stimmung gerade mal im Keller gelandet ist – und das scheint ja in dieser Welt ab und zu vorzukommen, oder?

„Der lange Arm Gottes beschützt mich und meine Mitmenschen."
(frei nach Florence Scovel Shinn)

Wenn dieser Satz Dich anspricht, liebe Leserin, lieber Leser, wende ihn gerne an und erlebe die segensreiche Wirkung in Dir, in Deinem Leben und im Leben Deiner Mitmenschen.

Während einer Meditation hatte ich die Vision von einem weit geöffneten Tor, durch das dickflüssiges goldenes Licht einstrahlte, ein starker Strom von Licht, und ich hörte die Worte:

„Die Schleusentore von Gottes Überfluss öffnen sich jetzt für dich."

Das so intensiv einströmende Licht ließ mich meine starke Verbundenheit mit der göttlichen Quelle und die große Offenheit für Gottes Energie erkennen.

Dankbarkeit fühlte ich in mir über diese erhebende Vision.

Während einer anderen Meditation nahm ich wahr, dass ich mich in den Armen von Ashtar Sheran ausruhte. Ich spürte seine Liebe, fühlte mich geborgen, spürte innere Ruhe, inneren Frieden. Dies könne ich immer wieder erleben, denn er sei immer für mich da, erklärte er mir auf telepathischem Wege.

Daraufhin antwortete ich ihm, dass ich manchmal nicht weiß, auf wen ich mich einstimmen soll. Da ist er, dann Emanuel, Saint Germain, Nigel ...

Da antwortete Ashtar Sheran mir: „Du kannst dich auf jeden einstimmen, so wie es dir gefällt. Im Leben auf Erden bist du ja auch nicht nur mit einer Person zusammen. Da hast du auch verschiedene Freunde, Freundinnen, Lehrer und Familienangehörige. Du besprichst auch nicht alles nur mit einer Person."

'Das stimmt', dachte ich. 'Eigentlich logisch.'

„So ist es auch mit deinen geistigen Freunden und Lehrern. Ich bin dein außerirdischer Vater, Saint Germain ist dein wichtigster Lehrer, Nigel ist einer deiner Lehrer, Emanuel ist dein Geistführer und Freund, dein Dualpartner, der dich auch beschützt. Und je nach Thema und Bedürfnis kannst du mit demjenigen Kontakt aufnehmen, in dessen Bereich das Thema fällt, das du besprochen haben willst. Vielleicht möchtest du auch einfach nur einen Freund, bei dem du dich ausruhen und erholen kannst? Das ist Emanuels Stärke. Na, ich glaube, ich habe dir nun genug Tipps gegeben, oder?"

'Ja, ich empfinde klar, was du meinst. Auf einmal ist es da, und ich frage mich, warum ich das vorher nicht so klar fühlen konnte. Es ist doch ganz einfach und logisch.'

„Tja, das Einfache ist manchmal am schwersten zu begreifen."

'Da hast du wohl Recht.'

Als ich mir während der Meditation vorstellte, in einem Meer zu sein, sah ich ein Krokodil, bevor ein Delphin zu mir schwamm. Als der Delphin sich näherte, verschwand es.

'Droht mir von dem Krokodil Gefahr?', fragte ich Ashtar Sheran.

„Hat es dir etwas getan?", stellte er eine Gegenfrage.

'Nein, der Delphin kam. Aber auch vorher war das Krokodil nur da, so, als ob es mich begrüßen wollte.'

„So ist es. Du bist geschützt. Es kann dir nichts anhaben. Das weiß das Krokodil, und das will es auch gar nicht. Es möchte dich ebenfalls beschützen, möchte sich mit dir weiterentwickeln."

'Hat es mit mir zu tun?'

„Es hat immer mit dir zu tun, was du siehst."

'Ich meine, symbolisiert es den aggressiven Teil in mir?'

„Nein, deinen Mut, neue Wege zu gehen, dich neuen Herausforderungen zu stellen – und auf der anderen Seite deine Angst, es könnte dir etwas geschehen, du könntest dich in Gefahr begeben, wenn du Neues ausprobierst. Doch du kannst voller Vertrauen sein. Es ist alles gut!"

An einem anderen Tag begegnete ich Jesus Christus in der Meditation und nahm diesen Gedanken wahr:

„ICH BIN das Feuer der Liebe, das alles heilt in dir und um dich herum."

Ich erfuhr durch Jesus Christus eine weitere Herzöffnung. Er stärkte mein Vertrauen und half mir, eine Blockade zu lösen, die sich im Herzzentrum gebildet hatte. Dankbarkeit erfüllte mich darüber, dass ich mein Herz mit der Unterstützung von Jesus Christus wieder vertrauensvoll öffnen konnte.

Ein feierliches, berührendes Gefühl, mich und mein Leben Gott – der ICH BIN-Gegenwart – übergeben zu haben. Gottes Wille geschehe!

Meine innere Führung teilte mir innerlich hörbar mit:
„Du fühlst dich manchmal ungeschützt in der Welt. Doch bedenke, dass du durch deine ICH-BIN-Gegenwart, die immer mit dir ist, den sichersten Schutz hast, den du haben kannst. ICH BIN immer an deiner Seite und gehe mit dir, wohin du auch gehst. So wie jetzt lege ich einen Arm um deine Schulter und begleite dich. Du bist immer sicher und geborgen!"

Nochmals zur Erinnerung:

Mit „ICH BIN-Gegenwart" ist unser „Göttliches Selbst" gemeint, **nicht** unser kleines Ich, unsere menschliche Individualität!

Die Worte „ICH BIN" setzen unser allumfassendes, weises, liebevolles Göttliches Selbst – die ICH BIN-Gegenwart – in Tätigkeit, so dass das höchste Gute – Gott – durch uns wirken kann.

In diesem Sinne:

ICH BIN die stärkste Macht, der stärkste, immer wirksame Schutz!

ICH BIN bedingungslose Liebe und Heilkraft!
ICH BIN Weisheit!

ICH BIN Frieden!

ICH BIN die Kraft, die alles schafft und alles zum richtigen Zeitpunkt macht.

Und nun Gedanken für uns als menschliche Wesen:

Danke für mein wachsendes Vertrauen!

Ich bin immer sicher und geborgen, denn ich bin verbunden mit meinem Göttlichen Selbst, der ICH BIN-Gegenwart. Danke!

Jesus Christus teilte übrigens am 1. Januar 1935 unter anderem mit (nachzulesen in der 32. ICH-BIN-Rede, Überbringer war Godfré Ray King):

„Wenn wir ICH BIN-Sätze sprechen, dann sprechen wir sie so gut, wie für uns selber, auch für   **a l l e** anderen Menschen. Auf diese Art wird die Anwendung und der Ausdruck des <ICH BIN> in seiner Tätigkeit a l l m ä c h t i g,
u n e r s c h ö p f l i c h   und handelt für   immer   jenseits des Bereiches menschlicher Selbstsucht.
W a r u m ? Weil ihr für jedes von G O T T E S Kindern die   g l e i c h e   VOLLKOMMENHEIT verlangt, die ihr für euch selbst in das Schaffen ruft! Das ist nur bei Benutzung der <ICH BIN-Sätze> möglich, denn handelt ihr
i n n e r h a l b der   <I C H   B I N   G E G E N W A R T> , so hebt es euch   a u g e n b l i c k l i c h   über jedes Tun menschlicher Selbstsucht hinaus."

Übrigens: Die Menschen, die damals die 33 ICH BIN-Reden von Meister Saint Germain und Jesus Christus empfangen haben, hörten die Worte mit ihren **physischen Ohren**! Es waren **keine** telepathischen Übermittlungen!

Gottes Frieden – den Frieden deiner ICH-BIN-Gegenwart – wünsche ich Dir, liebe Leserin, lieber Leser!

Erinnere Dich: Du bist immer geliebt!
Gottes Liebe möge von innen heraus aus Dir ausstrahlen wie eine Sonne zum Segen allen Lebens, einschließlich Deines eigenen Lebens!

Mögest Du immer deutlicher Deine meisterliche ICH-BIN-Gegenwart wahrnehmen und Dich auch im Alltag mit ihr verbunden fühlen, um sie durch Dein Leben auf Erden segensreich zum Ausdruck zu bringen!

Möge jeder von uns seine konstruktiven Fähigkeiten erkennen, mit Freude leben und zum höchsten Wohl des Ganzen, einschließlich seines eigenen Wohls, zum Ausdruck bringen!

Wir sind alle Eins, eine Welt, eine Einheit, **eine** Familie in Gott-Vater-Mutter, der das ganze Universum mit seiner allumfassenden, ewig strömenden liebevollen, schöpferischen Energie erfüllt und erhält!

In Liebe und Dankbarkeit
Britta Stüven

Eine Vision

abgeänderter und gekürzter Auszug aus dem Schluss-
teil des Buches

„Medana – Eine Parallele zur Entwicklung auf dem Planeten Erde"

von Britta Stüven

Ein Schulungstag an Bord des Raumschiffes Solarus.
Schade, dass sie das nicht öffentlich bekanntgeben konnten. Der Zeitpunkt war noch nicht soweit. Zunächst sollten sie selbst vorbereitet werden – diejenigen, die dies
erlebten. Sie hatten sich auf die größte Forschungsreise
begeben, die der Mensch je unternehmen konnte – die
Erforschung ihres Wahren Selbstes.

"Ich kann es gar nicht oft genug wiederholen, wie
wichtig es für euch ist, unseren allmächtigen Vater-Mutter-Gott, den Schöpfer aller Wesen, Welten und Sphären,
im Namen der Liebe an jedem Tag um Schutz und Führung zu bitten", sprach die engelhafte Geistlehrerin Nike
eindringlich. „Nur dann können eure Helfer aus der geistigen Welt euch wirksam gegen Fremdeinflüsse schützen,
besonders, falls ihr mal nicht so gut drauf seid. Das können sie aber nur, wenn ihr um diese Hilfe gebeten habt.
Ansonsten mischen sie sich nicht ein. Diese Helfer sind
zwar für euch noch unsichtbar, aber sie sind real, so wie
ich. Wie ihr wisst, kann auch ich mich unsichtbar und
wieder sichtbar machen, und auch ihr werdet es eines
Tages können. Ihr habt euren freien Willen, gebraucht

ihn weise!", ermahnte Nike ihre Schützlinge, dann fuhr sie fort:

"Nun möchte ich euch die Erinnerung wiedergeben, warum ihr hier geschult werdet. Auch das hat mit eurem freien Willen zu tun – auch wenn ihr es zur Zeit wahrscheinlich abstreiten würdet. Doch vor eurer ersten Inkarnation auf dem Planeten Medana habt ihr alle euch dafür entschieden, diesem Planeten in dieser entscheidenden Phase beizustehen. Ihr habt erkannt, dass eine dunkle Macht den Zugriff auf Medana startete. Ihr wusstet, was das für die Menschheit bedeutete, die dort lebt, und ihr wusstet, dass im Falle von großen kriegerischen Auseinandersetzungen die Zerstörung des Planeten im Bereich des Möglichen lag. Davon wäre das gesamte Weltall betroffen mit all seinen Zivilisationen in den unterschiedlichsten Ebenen - besonders, weil die Atomkraft mit im Spiel ist, deren zerstörerische Kraft auch noch auf den Seelenkörper übergreift. Sie leitet die Zersetzung der Materie ein, die nur noch durch die heilende Kraft der Liebe zu stoppen ist. Auch der Einfluss der dunklen Macht kann nur durch die reine, selbstlose Liebe gestoppt werden.

Deshalb habt ihr euch entschieden, auf dem Planeten Medana zu inkarnieren, um durch eure Lichtausstrahlung und Liebeskraft den Einfluss der dunklen Macht zu bremsen und dann ganz zu stoppen. Manche von euch sind erwachsen, andere von euch sind noch Kinder, doch ihr alle habt schon mehrere Inkarnationen hier verbracht, um vorbereitet zu sein für diese Zeit, wo der Einsatz zum Abschluss kommen soll."

Die Teilnehmer an der Schulung auf dem Raumschiff Solarus staunten über das, was ihnen von Nike offenbart wurde.

"Wo haben wir uns dafür entschieden? Wer sind wir?", fragten einige aus der Gruppe.

"Ihr seid von eurem Kern her engelhafte Wesen wie wir."

"Engel sollen wir sein?"

„Ja, ihr seid Wesen, die voller Liebe und Frieden sind und dies dadurch auch in der Außenwelt bewirken können.

"Aber, warum bin ich dann nicht immer so liebevoll, verständnisvoll und geduldig", fragte eine Teenagerin in die Runde.

"Das geht nicht nur dir so", beruhigte Nike das Mädchen. „Auch die anderen haben mit einem Ungleichgewicht in ihren Gefühlen zu tun. Ihr seid in einer viel niedrigeren Schwingung als die Solarer vom Raumschiff Solarus, und die Solarer leben ebenfalls in einer viel niedrigeren Schwingung als die Sonnenwesen vom Reich Nincana, wo ich herkomme. So könnt ihr euch am leichtesten vorstellen, dass euch die Erinnerung an euer Wahres Sein verlorengegangen ist mit der ersten Inkarnation auf diesem Planeten. Eure Erinnerung verschwand wie ein Traum am Morgen, wenn ihr erwacht. Doch dieses Risiko wolltet ihr eingehen, um den Menschen hier zu helfen. Und ihr wolltet es für Gott tun, den Schöpfer von uns allen. Ihr wusstet, dass ihr Medana bereits helfen konntet durch eure unbewusste Lichtausstrahlung. Und nun, wo euch bewusst wird, wer ihr seid, verstärkt sich eure Heilkraft so enorm, dass ihr damit rechnen könnt, Wunder zu bewirken. Je mehr ihr euch für eure Aufgaben einsetzt, umso mehr kommen eure Erinnerung und eure Fähigkeiten zurück, so wie ihr euch darauf einlassen könnt. Habt also Geduld mit euch selbst, wenn ihr nicht gleich voller Liebe und Frieden sein könnt, wie ihr eigentlich sein wolltet. Es kommt! Durch die Tiefen, die ihr noch durchwandert, kommt ihr eurem Ziel immer näher. Und bedenkt, was ihr für euch selbst bereinigt, bereinigt ihr auch in der Außenwelt. Alles bildet eine Einheit. Auch die dunklen Wesen gehören zu dieser Einheit sowie die Menschen, die die Ziele eurer Regierung unterstützen, sei es ihnen nun bewusst oder unbewusst. Sendet ihnen eure Liebe! Achtet den göttlichen Funken in ihnen, indem ihr ihnen eure Liebe sendet. Das heißt nicht, dass ihr billigen sollt, was sie tun. Doch indem ihr den lichtvollen Kern in ihnen achtet, bringt ihr ihn immer mehr zum Vorschein. Worauf ihr eure Aufmerksamkeit richtet, das verstärkt ihr. Was ihr euch vorstellt, verwirklicht ihr. Wogegen ihr seid, zieht ihr genauso in euer Leben wie das, wofür ihr seid. Also lernt,   f ü r   den Frieden zu sein! Und übt euch im liebevollen Umgang miteinander. Haltet die Vision in euch aufrecht, dass Medana ein Planet wird, auf dem die Liebe regiert. Stellt euch das gesamte Weltall als ein Friedensreich vor. Was ihr euch vorstellen könnt, verwirklicht sich, besonders, wenn ihr schon die Freude empfindet, die es mit sich bringt, in einem Reich zu leben, In dem die Wesen miteinander in Frieden leben, liebevoll miteinander umgehen und sich gegenseitig weiterhelfen, ins allumfassende Gottesbewusstsein hinein zu reifen. Das ist die Geburt des Menschen, wie Gott ihn sich gedacht hat."

Alle Anwesenden waren tief bewegt von Nikes Rede. Schweigen herrschte im Schulungsraum, noch lange, nachdem sie geendet hatte. Es gab viel zu verarbeiten und noch viel zu lernen, das wurde ihnen klar. Doch sie waren bereit, diese Herausforderung anzunehmen.

Tägliche Meditationen gehörten ebenfalls zur Schulung dazu. Sie lernten, nach der Entspannung ihres Körpers die göttliche Energie bewusst in sich einströmen zu lassen, sich dadurch zu harmonisieren und leichter empfänglich für die innere Führung zu werden. Und sie lernten, diese Energie heilbringend auszustrahlen für ganz Medana und all seine Bewohner, für die gesamte Natur und alle Wesen, ob sichtbar oder unsichtbar. Sie magnetisierten die kosmische Energie mit ihrer Liebesfähigkeit, mit ihrem inneren Frieden und ihrer Vorstellung, dass ihr Heimatplanet wieder ein gesunder, friedvoller Planet ist, auf dem alle Menschen glücklich und zufrieden miteinander leben.

Unter Anleitung von Nike lernten sie, dass sie durch gemeinsame Meditationen noch viel mehr bewirken konnten, als wenn jeder nur für sich allein meditiert. Es kam auf das Kraftfeld an, das sich durch alle Teilnehmer verstärkt aufbaute. Die Kraft potenzierte sich mit jedem, der an den Gruppenmeditationen teilnahm, was bedeutete, waren es zehn Teilnehmer, strahlten sie die Friedensenergie hundertfach stärker aus, als wenn nur jeder für sich allein meditiert hätte. Um diese Wirkung zu erzielen, brauchten sie sich noch nicht einmal an einem Ort zu versammeln. Sie konnten sich auch geistig mit allen verbinden, die zur gleichen Uhrzeit meditierten. Das war ein großer Vorteil, da durch das Misstrauen der Regierung die Versammlungsfreiheit immer mehr eingeschränkt wurde.

Ihr Wirken zog immer größere Kreise. Die Mädchen und Jungen, die mit den Solarern in Verbindung standen, konnten immer mehr ihrer Mitschüler für die Idee begeistern, sich durch ihre Gedanken und Vorstellungen aktiv für den Erhalt des Friedens auf Medana einzusetzen. Auch Lehrer schlossen sich dem an. Und ihre Eltern gewannen Arbeitskollegen, Freunde, Bekannte und Verwandte für die Botschaft des Friedens. Auch Menschen, mit denen sie vorher noch gar keinen Kontakt gehabt hatten, schlossen sich dieser Bewegung an. Ihre Botschaft erreichte mehr Menschen, als sie jemals für möglich gehalten hatten.

Doch es gab auch eine Gegenbewegung durch Menschen, die mit ihren Ansichten Schüler und Erwachsene in ihren Bann zogen. Durch deren überwiegend negative Einstellung unterlagen sie voll den unterschwelligen Beeinflussungen der Regierung. Sie stifteten Unfrieden und schmiedeten Pläne, wie sie den Boten des Friedens Steine in den Weg legen konnten.

Doch die Kinder und Erwachsenen, die auf Medana für den Höchsten Schöpfer des Universums im Namen der Liebe Im Elnsatz waren, standen unter einem großen Schutz. Keiner konnte ihnen auch nur ein Haar krümmen, da sie wahrhaftig im Sinne der Liebe und des Friedens dienten. Jeder einzelne hatte einen Schutzengel aus dem Sonnenreich Nincana zur Seite und einen der Solarer vom Raumschiff Solarus, die bereits gelernt hatten, sich jederzeit unsichtbar zu machen und sich und andere durch ihre Gedankenkraft aus einer Gefahrenzone zu bringen.

Das hatten auch einige der Gegenbewegung erlebt. Es war ihnen unheimlich. Sollte da doch mehr dran sein, als sie bisher vermutet hatten?

Sie kamen zum Nachdenken.

Wodurch ihr allmähliches Umdenken eingeleitet wurde, war auch das Verhalten der Menschen, die mit den Solarern zusammenarbeiteten. Sie hörten niemals ein böses Wort von ihnen. Es war ihnen ein Rätsel, warum sie trotz ihres liebevollen Verhaltens keine leichten Gegner waren. Wann immer sie ihnen auflauerten, um ihnen einen Denkzettel zu verpassen, verschwanden sie vor ihren Augen. Es war wie verhext.

Diesen wirksamen Schutz hatten die geschulten Medaner Nike zu verdanken. Sie hatte ihnen eingeschärft, dass sie niemanden verurteilen sollten, was für Handlungen es auch immer waren. So boten sie keine Angriffsfläche, weil sie im göttlichen unbesiegbaren Kraftfeld der allumfassenden, bedingungslosen Liebe blieben. Dadurch konnten ihre Schutzengel und die Solarer ihnen noch leichter beistehen, da diese Medaner sich nicht auf Verstrickungen durch negative Handlungen einließen.

Sie lernten, die Menschen, die anders waren als sie, in Liebe anzunehmen. Dabei stimmten sie sich auf den liebevollen, lichtvollen göttlichen Kern ein, der in jedem vorhanden ist, unabhängig von seiner gegenwärtigen seelischen Entwicklungsstufe. Und sie hatten es bereits erfahren, was für große Auswirkungen dies hatte. Es war tatsächlich so, wie Nike sagte, dass sie das, worauf sie sich konzentrierten, zum Vorschein brachten und verstärkten. Je mehr sie auf den göttlichen liebevollen Kern in ihren Gegnern zentriert blieben und sie in Liebe so annahmen, wie sie waren, umso weniger Macht erhielten ihre Gegner über sie.

Die Dunkelmacht verlor immer mehr ihren Einfluss und zog sich zurück. Was für sie so gut begonnen hatte, endete in einem Fiasko. Sie kamen unter den Einfluss der immer stärker werdenden Liebesausstrahlung der Medaner. Auch in ihren Herzen wurde etwas angerührt, eine Erinnerung an ferne Zeiten, in denen es ganz selbstverständlich war, dass alle Wesen miteinander in Frieden lebten und liebevoll miteinander umgingen. Es war für sie eine schmerzhafte Erinnerung, die sie vom Planeten Medana wegtrieb.

Doch einige der dunklen Wesen waren bereit, neue Wege zu gehen. Sie hatten es satt, von der Unterdrückung anderer Seelen zu leben. Sie erkannten, dass sie sich dadurch von der wahren Sonnenseite des Lebens fernhielten. In ihrem Wunsch fühlten sie sich auch noch dadurch bestärkt, dass sie vier ihrer eigenen Leute bereits Seite an Seite mit den Solarern wirken sahen. Sie schienen glücklich und zufrieden zu sein. Scheinbar ging es ihnen besser, als wenn die Solarer sie nicht gefangengenommen hätten. Selbst ihr Anführer wich vor deren Liebesausstrahlung zurück. Er war noch nicht bereit, sich zu wandeln. Doch sie wussten, eines Tages würde auch er wieder das sein, was er von seinem göttlichen Kern her bereits war - ein lichtvolles, liebevolles Wesen.

Die ins Grübeln geratenen Mocks baten ehrlichen Herzens um Hilfe, die ihnen gewährt wurde. Es bedurfte zwar intensiver Schulung durch Nike und ihre Mitarbeiter, doch es war eine Freude zu erleben, mit welchem Eifer sie sich nun für den Frieden einsetzten. Dafür waren sie bereit, alles auf sich zu nehmen, was sie an inneren Wandlungen durchzustehen hatten. Sie erfuhren viel Hilfe und fühlten seit langem mal wieder so etwas wie Dankbarkeit und Freundschaft.

Diese Entwicklung gab den Solarern und ihren Unterstützern auf Medana immer mehr Freiraum, Glück und Erfüllung. Mit Freude kamen die Regierenden der Länder von Medana wieder zusammen. Die unhörbaren und unsichtbaren Manipulationen wurden abgestellt. Ein Aufatmen ging durch die Reihen der Bevölkerung, als sie das erfuhren. Ebenso, als sie hörten, dass die Formeln vernichtet worden sind, die preisgaben, wie Vernichtungswaffen hergestellt werden. Die Wissenschaftler wollten ihre Fähigkeiten von nun an lieber in den konstruktiven Dienst an der Gemeinschaft stellen.

Da der Friedenswunsch zu einem Herzenswunsch aller Medaner geworden war, durften sie nun von den Solarern lernen, wie freie Energie aus dem Kosmos für alle nutzbar gemacht werden konnte. Das war ein großes Geschenk für die Medaner, ebenso der Erhalt des Friedens, der in den Herzen der Menschen geboren wurde.

Es herrschte ein Miteinander, wie es der Planet noch nicht erlebt hatte. Eine große Freude erfüllte den Planetengeist, so dass er am liebsten einen Luftsprung gemacht hätte. Doch das konnte er seinen Bewohnern nicht antun, sie so durcheinander zu rütteln. Vor einiger Zeit hätte er es noch getan, aber aus anderen Gründen...

Der Austausch der Welten begann. In Frieden und Harmonie zu leben, war nun das oberste Ziel aller Medaner. Ein Wunder war geschehen, das die zielstrebige Vision einiger weniger möglich gemacht hatte.

Nun begann das Lernen und Lehren erst richtig. Die Kinder und Erwachsenen, die bereits von den Solarern ausgebildet worden waren und mit ihnen zusammenarbeiteten, übernahmen die Lehrfunktion für die Menschen, die jetzt erst erwacht waren. Und zu ihrer Freude blieben die Solarer bei ihnen. Dadurch konnten die Menschen auch weiterhin an Bord des Raumschiffes Solarus geschult werden. Es standen auch Ausflüge in den Weltraum und der Besuch von anderen Sternen-Völkern mit auf dem Programm, um Freundschaft unter vielen Völkern im Universum zu entwickeln. Doch auch vor Ort, auf ganz Medana lernten sie, ihre neuen Fähigkeiten einzusetzen.

Sie lernten, durch ihre Gedankenkraft die von Atomstrahlungen verseuchten Gebiete wieder zu reinigen und zu heilen. Landstriche, in denen sich schon lange keiner mehr aufhalten konnte, wurden wieder bewohnbar und für die Landwirtschaft nutzbar. Die Naturgeister kehrten zurück, um mit den Menschen zusammenzuarbeiten. Und das Wunderbare war, dass die Medaner sie immer deutlicher wahrnahmen, ebenso ihre Botschaften und ihr Aussehen.

Es war wirklich eine Zeit der fröhlichen und freundschaftlichen Zusammenarbeit angebrochen, auch zwischen den Menschen und ihren Geistführern und Schutzengeln. Das Leben war auf einmal viel interessanter und abenteuerlicher als jemals zuvor. Warum waren sie nicht schon vorher auf die Idee gekommen, sich als Eine Familie zu betrachten, in Frieden miteinander zu leben und einander auf ihren unterschiedlichsten Wegen zu helfen? Das fragten sich viele, denn dieser Neubeginn war für sie alle eine wahre Bereicherung ihres Lebens, die sie allen Menschen, die im unermesslichen Universum leben, wünschten.

Ja, sie alle waren eine große Familie, die Familie des Einen Göttlichen Geistes, des Schöpfers des Universums sowie aller Wesen und Dinge. Es gab nur Gott, nur Liebe, die alles und alle erfüllte – das Gefühl der Einheit mit allem, was ist...

Das war der Schlüssel, erzählte Nike ihnen. Sie hatten ihn gefunden und beherzt genommen, um ihr Leben zum Wohl aller zu wandeln - als leuchtender Meilenstein in der Entwicklung der Menschheit.

Und ihre Botschaft strahlt hinaus ins Weltall, noch heute, wenn auch nicht für alle Ohren hörbar, so doch für alle wirksam:

"Ihr Menschen, ihr Wesen im All,
welcher Farbe, Form oder Größe auch immer!
Brüder und Schwestern seid ihr,
Kinder des Einen Geistes, der das Weltall erschuf.
Kommt in Frieden zueinander,

und hört das gesprochene Wort unseres Gottes,
der uns Vater und Mutter ist,
der uns alles ist,
weil er in allem ist
und durch ihn alles ist:

<Lebt in Frieden miteinander, in Liebe füreinander.
Seid dankbar und frohen Mutes, wer immer ihr seid.
Für einen jeden ist reichlich vorhanden,
denn ich liebe euch alle gleich,
und ich bin unendlich reich.
Der Schlüssel zu diesem Reichtum
liegt in eurem eigenen Herzen.
Benutzt ihn wohl!
Gönnt anderen ihren Erfolg,
dann ist der Erfolg auch eurer.
Was ihr anderen gönnt,
das gönnt ihr auch euch selber.
Erfüllt eure Gedanken mit Liebe,
und handelt aus Liebe.
So fließt euch reicher Segen zu - einem jeden -
denn das ist euer Erbe, das euch keiner nehmen kann!
Ihr könnt nur hinauszögern, es zu beanspruchen.
Der Schlüssel liegt in euch! Benutzt ihn weise!
Meine Liebe und mein Segen begleiten euch.
So sei es!>"

Glossar

Inkarnation:

die Verkörperung einer Seele als Mensch auf der physischen Ebene

Die **"(Große) Weiße Bruderschaft"** ist eine Vereinigung der aufgestiegenen Meister und Meisterinnen, die sich trotz ihrer Befreiung vom Kreislauf der Inkarnationen – ob auf dem Planeten Erde oder in anderen Bereichen des Universums – entschlossen haben, die Menschheit auf dem Planeten Erde bei ihrer spirituellen Bewusstseinsentfaltung zu unterstützen. Das Ziel dabei ist der Aufstieg ins Licht für alle Menschen samt dem Planeten Erde.

Ashtar (Sheran):

Er ist ein außerirdischer aufgestiegener Meister und Mitglied in der Großen Weißen Bruderschaft. Ashtar Sheran ist außerdem Kommandant der Intergalaktischen Föderation. Sein Bestreben ist es, zusammen mit seinem Team zum Frieden im Universum beizutragen durch Förderung des Spirituellen Bewusstseins der Einheit allen Lebens. Er arbeitet für Gott in Zusammenarbeit mit Jesus Christus und Erzengel Michael.

Meister Saint Germain:

Er hat in verschiedenen Inkarnationen auf Erden gelebt. Seine Meisterschaft verwirklichte er als Graf von Saint Germain im 18. Jahrhundert., in dem er sich als Diplomat besonders für den Frieden in Europa eingesetzt hat. (s. auch das Buch von Irene Tetzlaff über „Der Graf von Saint Germain – Licht in der Finsternis", dessen Inhalt mich sehr berührt hat).

In den 1930er Jahren brachte Saint Germain die Lehren der ICH BIN-Reden auf die Erde durch Guy Ballard (Godfré Ray King), der Saint Germain in materialisierter Form erlebte. In den 33 Reden sind auch 4 Reden von Jesus Christus enthalten. Die Worte sind von allen Anwesenden durch ihre eigenen physischen Ohren gehört worden, sind also nicht durch ein Medium übermittelt worden! Das finde ich dabei besonders spannend.

Eine der Homepages, auf der die „Reden über ICH BIN" vollständig veröffentlicht sind:
www.altanasolara.de

Es gibt das Praxisbuch „Reden über ICH BIN" (Band 3) mittlerweile auch in Buchform zu kaufen, ebenso „Enthüllte Geheimnisse" (Band 1) und „Die magische Gegenwart" (Band 2).

Saint Germain ist außerdem der Leiter des Violetten Strahls der Befreiung und Transformation.

Meisterin Rowena:

Sie hat auf dem Planeten Erde ihre Meisterschaft erreicht und ist als aufgestiegene Meisterin in der Großen Weißen Bruderschaft tätig, besonders, um die Liebeskraft zu stärken. Sie ist Hüterin und Lenkerin der rosa Flamme der bedingungslosen Liebe.

Violette Flamme

Göttliche Flamme der Reinigung und Umwandlung (Transformation)

Silberne Flamme:

Göttliche Flamme der Gnade

Gott/Göttin:

ist für mich eine allumfassende bedingungslos liebende Macht und unbegrenzte schöpferische Kraft. Gott/Göttin/Gott-Vater-Mutter ist für jeden zugänglich, unabhängig von Religion und Rasse. Diese Kraft ist überall und in allem, was ist.

Mehr erleben mit der Autorin:

Seit 1995 arbeitet Britta Stüven hauptberuflich als Meditations-und Rückführungsleiterin, seit Juni 2020 zusätzlich als Hypnose-Coach.
Ihre Homepage lautet www.seelen-reise.de

Tel. 04121-276 33 21

Coverbild: www.fotolia.com
Fotolia_68962855_M

Weitere Bücher von
A u t o r i n   B r i t t a   S t ü v e n :

ALANÉE'S SEELEN-REISE (Verlag: tredition)
Diese „Trilogie in 4 Teilen" beruht auf Einblicken und Erkenntnissen, die Autorin Britta Stüven auf ihrem seelischen Entwicklungsweg gewonnen hat.

Als „Alanée von Alpha Centauri" (Teil I) unterläuft ihr ein verhängnisvoller Fehler.
Auf dem Planeten Erde will sie vergessen, was geschehen ist. Alanée wird durch ihre Liebe zu einem Atlanter in den Kreislauf der Erdeninkarnationen hineingezogen.

Die Teile II und III lassen Sie miterleben, wie sich „Alanée's Erdenleben" noch bis ins 20. und 21. Jahrhundert hinein ausgewirkt haben. Außerdem wird sachlich dargestellt, wie begrenzende Prägungen transformiert werden können, um davon befreit im Hier und Jetzt zu leben. Zusätzlich zur sachlichen Erzählung beinhaltet Teil III „Alanée's Visionen" in Romanform.

Im Anhang (Teil IV) finden Sie „Botschaften von Ashtar Sheran". Er ist Kommandant der Intergalaktischen Raumschiff-Flotte. Liebevoll und klar sind seine Worte, die nicht nur für Britta Stüven wegweisend sind, sondern auch jede Leserin und jeden Leser ermutigen können, den eigenen Weg zu finden und zu gehen, zum Wohl des Ganzen.

Alanée's Seelen-Reise – Eine Trilogie in „4" Teilen
ISBN: 978-3-7439-5181-5 (Hardcover) = 24,99 €
Alanée's Seelen-Reise – Eine Trilogie in „4" Teilen ISBN: 978-3-7439-5180-8 (Paperback) = 16,99 €
Alanée's Seelen-Reise – Eine Trilogie in „4" Teilen ISBN: 978-3-7439-5182-2
(e-Book) = 2,99 €

MEDANA – EINE GESCHICHTE UNSERER ZEIT
(Ventla-Verlag Gütersloh)

Die engelhafte Geistführerin Nike erhält den Auftrag, den Planeten Medana und seine Bewohner bei ihrem Aufstieg ins Licht zu unterstützen. Als Mittler zwischen der Geistigen Welt und den Medanern dienen die Bewohner eines Raumschiffes. Besonders die junge Mirka wird von

Nike vorbereitet, ihren inkarnierten Engelgeschwistern auf dem Planeten Medana zur Seite zu stehen. Manche sind noch Kinder, andere sind bereits erwachsen. Gelingt es den Medanern, ihr spirituelles Bewusstsein zu entfalten, um den Frieden auf ihrem Planeten zu erhalten? Die Mocks haben andere Pläne. Sie wollen den Planeten für sich erobern und gehen dabei äußerst heimtückisch vor.

Buch: 18,- € (+ Versandkosten)

ISBN 978-3-929380-48-4, 346 Seiten

Hörspiel (9 CDs): 18 € (+Versandkosten)

Buch und Hörspiel Medana sind direkt bei der Autorin erhältlich, s. Onlineshop auf ihrer Homepage www.seelen-reise.de oder Email an lebensfreude@seelen-reise.de

Zeitfracht Medien GmbH
Ferdinand-Jühlke-Straße 7
99095 Erfurt, Deutschland
produktsicherheit@kolibri360.de